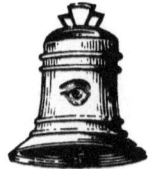

The School of Panamerican Unrest

La Escuela Panamericana del desasosiego

An Anthology of Documents

Antología de documentos

The School of Panamerican Unrest

La Escuela Panamericana del desasosiego

An Anthology of Documents

Antología de documentos

Pablo Helguera & Sarah Demeuse, editors/editores

Jorge Pinto Books Inc.
New York

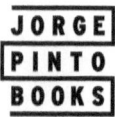

The School of Panamerican Unrest: An Anthology of Documents
La Escuela Panamericana del desasosiego: Antología de documentos

© Pablo Helguera, 2011

For contributing essays, respectively:
© Galle Allen, Sean Arden, Lance Blomgren and Carey Ann Shaefer, Bayardo Blandino, Mónica Castillo, Daniel Castro Benítez, Rosina Cazali, Tamara Díaz Bringas, Jennifer Flores Sternad, Jesús Fuenmayor, Adriana González Brun, Sam Gould, Serge Guilbaut, Juan Navarrete, Sofía Olascoaga, Adetty Pérez Miles, Xavier Recio Oviedo, Gabriela Rangel, José Rodríguez, Itala Schmelz, Papus von Saenger

All rights reserved. This book may not be reproduced in whole or in part, in any form (beyond copying permitted by Sections 107 and 108 of the United States Copyright Law, and except limited excerpts by reviewer for the public press), without written permission from Jorge Pinto Books Inc. 151 East 58th Street, New York, NY 10022
© Copyright of this edition Jorge Pinto Books Inc. 2011.

Todos los derechos reservados. Quedan prohibidos la reproducción total o parcial de esta publicación, su almacenamiento bajo cualquier sistema que permita su posterior recuperación, y su transmisión por medios electrónicos, mecánicos u otros así como su fotocopiado o grabado sin previa autorización del editor, otorgada por escrito. Asimismo, de no mediar dicha autorización por parte de Jorge Pinto Books Inc. este volumen no puede ser prestado, revendido, cedido en alquiler ni enajenado comercialmente bajo ningún otro formato de encuadernación o portadas que difieran de aquel en la cual se encuentra publicado. Derechos de la edición © Jorge Pinto Books Inc. 2011.

Copy-Editing: Sofía Olascoaga (Spanish); Rebecca Roberts (English)
Translations: Sarah Demeuse, Pablo Helguera, Ana Lorena Marrón
This publication was made possible by a Creative Capital grant
All photos, unless otherwise noted, taken by Pablo Helguera.

Cover image: *Carrying the schoolhouse in Asunción, Paraguay*
               Cargando la escuela en Asunción, Paraguay
               09/2006

Book typesetting: Charles King, website: www.ckmm.com

ISBN: 978-1-934978-57-3
        1-934978-57-4

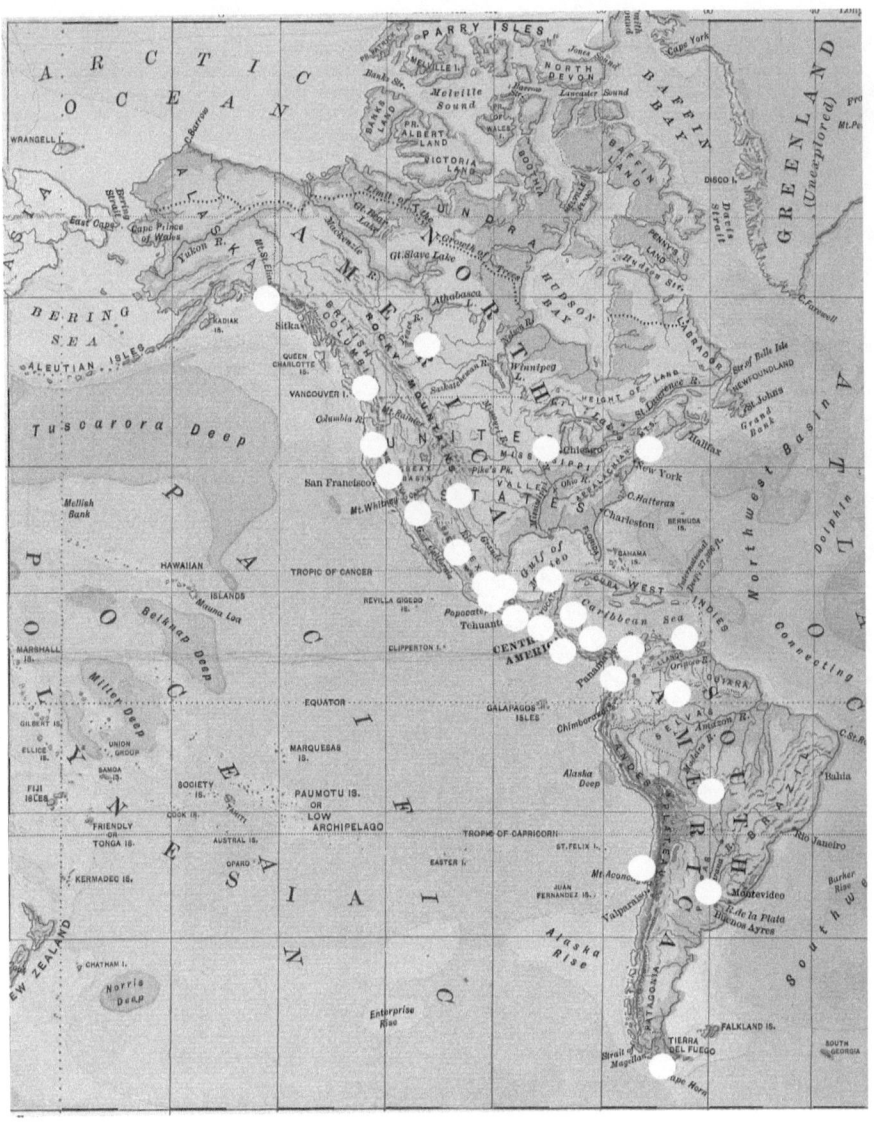

Route of the School of Panamerican Unrest;
Itinerario de la Escuela Panamericana del Desasosiego

Contents/Indice

ENGLISH SECTION

Pablo Helguera
On Plowing the Sea (an introduction turned epilogue) 3

I. PARTICIPANT CONTRIBUTIONS

Sean Arden
The White Whale 13

Lance Blomgren & Carey Ann Schaefer
Citizenry, Contingency and the Social Body, Naked or Not 16

Gale Allen
The School of Panamerican Unrest Visits Calgary 19

Sam Gould
Pan-American Unrest, That Far Off Look in Your Eyes 21

Juan Navarrete
Intersections 24

Xavier Recio Oviedo
Gastronomy and Tradition, The SPU in Puebla, July 2006 27

Mónica Castillo
Visit of the SPU to the Yucatan Peninsula 29

Sofía Olascoaga
The SPU and Its Affective, Educational Legacy 31

Rosina Cazali
Dérive and the Validity of Utopias, Five Years after the School of
　Panamerican Unrest 36

José Rodríguez
The School of Panamerican Unrest: The Emblematic Van 38

Bayardo Blandino
Crossing the Map: Memories of the Evening Hymn 41

Tamara Díaz Bringas
Unrest in Paradise 45

Papus von Saenger
Toward South America 47

Daniel Castro Benítez
Pablo Helguera, The Quinta de Bolívar, and Unrest 49

Jesús Fuenmayor
The SPU in Caracas 51

Adriana González Brun
Py'a: The School of Panamerican Unrest in Guaraní Territory 54

Jennifer Flores Sternad
The Forking Paths of Panamerica 57

Adetty Pérez Miles
Revolution/Institution, Public Art, and Answerability:
    The Transnational Dialogic Encounters of The School of
    Panamerican Unrest 61

II. ON PAN-AMERICA

Serge Guilbault
Vive the Utopian Highway! 73

Gabriela Rangel
Pan-American Highway 76

Itala Schmelz
The Very Idea of Pan-Americanism 77

III. THE PANAMERICAN ADDRESSES

Pablo Helguera
PANAMERICAN SPEECH, 2006 81

The Panamerican Address of the People of Vancouver. 88
The Panamerican Address of the People of Portland. 90
Postcard from Calgary 92
The Panamerican Address of the People of the San Francisco
   Bay Area 94
The Panamerican Address of Mexico City. 96
The Panamerican Address of the City of Mérida 98
Panamerican Constitution, Guatemalan Chapter. 100
The July 20th Manifesto, Given at the School of Panamerican
   Unrest Stop in San Salvador 102
The Tegucigalpa Address. 104
The Panamerican Address of the People of Caracas 106
The Panamerican Address of the People of Asunción 108
The Panamerican Address of the People of Buenos Aires 110

Consular Section/Sección Consular 112

SECCIÓN EN ESPAÑOL

Pablo Helguera
Arar en el mar (Introducción en forma de epílogo) 123

I. CONTRIBUCIONES DE PARTICIPANTES

Sean Arden
La ballena blanca 133

Lance Blomgren & Carey Ann Schaefer
Ciudadanía, contingencia y el cuerpo social, desnudo o no. 136

Gale Allen
La Escuela Panamericana del Desasosiego visita Calgary 139

Sam Gould
El desasosiego panamericano: esa mirada lejana en tus ojos 142

Juan Navarrete
Intersecciones. 146

Xavier Recio Oviedo
Gastronomía y tradición: La EPD en Puebla, Julio 2006 149

Mónica Castillo
Visita de la EPD en la Península de Yucatán 152

Sofía Olascoaga
La EPD y su legado afectivo-educativo 154

Rosina Cazali
Deriva y vigencia de las utopías: Cinco años después de la
    Escuela Panamericana del Desasosiego. 159

José Rodríguez
La Escuela Panamericana del Desasosiego:
    la camioneta emblemática. 162

Bayardo Blandino
Cruzando el mapa: memorias del Himno del Crepúsculo 165

Tamara Díaz Bringas
Desasosiego en el paraíso. 168

Papus von Saenger
Hacia Sudamérica 170

Daniel Castro Benítez
Pablo Helguera, la Quinta de Bolívar y el desasosiego 172

Jesús Fuenmayor
La EPD en Caracas 174

Adriana González Brun
Py'a: la Escuela Panamericana del Desasosiego en tierra Guaraní . . 177

Jennifer Flores Sternad
Los senderos que se bifurcan en Panamérica 180

Adetty Pérez Miles
Revolución/institución, arte público y responsabilidad: los
    encuentros dialógicos y transnacionales de la Escuela
    Panamericana del Desasosiego 184

II. SOBRE PANAMÉRICA

Serge Guilbault
¡Viva la carretera utópica!. 198

Gabriela Rangel
Carretera Panamericana 201

Itala Schmelz
The Very Idea of Panamericanism 202

III. LOS DISCURSOS PANAMERICANOS

Pablo Helguera
Discurso panamericano, 2006. 207

El discurso panamericano de la gente de Vancouver 212
El discurso panamericano de la gente de Portland 214
Postal de Calgary. 216
El discurso panamericano de la gente de San Francisco y
    el Bay Area 218
El discurso panamericano de la Ciudad de México 220
El discurso panamericano de la ciudad de Mérida 222
Constitución panamericana capítulo guatemalteco. 224
El manifiesto del 20 de julio del 2006 dado en la sede de
    La Escuela Panamericana del Desasosiego, en San Salvador . . . 226
El discurso de Tegucigalpa 229
El discurso panamericano de la gente de Caracas 231
El discurso panamericano del pueblo de Asunción 234
El discurso panamericano de la gente de Buenos Aires 236

APENDIX/APÉNDICE
Panamerican Anthem/Himno panamericano. 235

KEYWORDS 257
ÍNDICE ONOMÁSTICO 259

ENGLISH SECTION

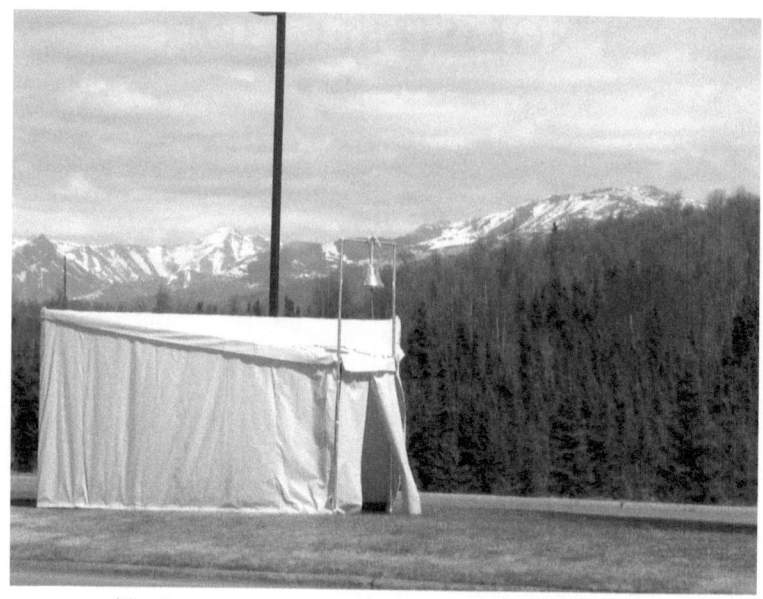

The School of Panamerican Unrest in Anchorage, Alaska.
La Escuela Panamericana del Desasosiego en Anchorage, Alaska.

On Plowing the Sea

(an introduction turned epilogue)

He arado en el mar y he sembrado en el viento
—Simón Bolívar

I write these lines almost five years after the School of Panamerican Unrest (SPU) inaugurated its activities on Ellis Island, in May 2006. During the journey that followed, from Anchorage toward Tierra del Fuego, I encountered a hemisphere untamable in its geography, its political and social constitution, its borders, and the unique idiosyncrasy of its communities. Upon my return, as time went by, I found that giving closure to the trip was equally elusive. The SPU archive includes hundreds of hours of video, hundreds of documents and articles, and thousands of photographs, among other materials. Over time, I have made many attempts to summarize the experience, in exhibitions, articles, interviews, a documentary, and other events—none of which have been able to truly bring together the many debates and issues the SPU engaged. This book, produced a decade after the first seed for the project was planted (in September 2001), is less an attempt to bring the project to a conclusion than to recognize the impossibility of such finality. It is mainly motivated by the increasing urgency I have been feeling, as time passes, to reach out to those who were directly involved as witnesses and participants in the project and to compile their perspectives and memories in one volume before they dissipate into the ether. This book may thus be regarded as an imperfect anthology for those interested in learning more about this public art project—and a road map, as it were, very similar to the tentative road maps of much of the Pan-American Highway.

The School of Panamerican Unrest must be understood in the historical context of the decade during which it developed (2001–11). It was triggered by the conjunction of two main sets of circumstances. One comprised the events of September 11, 2001, and the subsequent United States invasion of Iraq; and the second was the debates in the arts around institutional critique and relational aesthetics, mainly centered in the U.S. and Europe. Both prompted me, in early 2001, to insert education theory and Latin American reality into a socially engaged art practice. I wanted to both entice and challenge audiences, creating projects that would offer them a space for community and discussion but also test their certainties and biases. My hope was to provide a more structured experience than that of relational art, and, in contrast with some works of institutional critique, I was interested in confrontation but not to the point of alienating participants.

The week after September 11, 2001, I published an essay titled "An American Berlin Wall," a rather hapless attempt to make sense—like most of us were—of the new era we were entering and to understand what it would mean to make art in it:

> September 11th may turn out to mark the end of the naive notion of the global village and the rediscovery of our actual world. Ironically, the sudden precariousness of airplane flights also helped us realize that after all, the world is indeed very large, and that we do live in very distant cultural regions. And it is through art that a true cultural dialogue can take place.*

During 2002 I became a kind of Mexican ethnographer to the United States (reversing the usual role of the American ethnographer abroad), searching for insight into the construction of American utopian thought. I tried to understand the evolution from early American democratic paradigms to Manifest Destiny and the Monroe Doctrine. My research on American utopianism led, among other things, to the production a variety of works about the Shakers, a religious group known for its pacifism. Their successful socialist experiment lasted for four centuries, and their aesthetic influenced a generation of American artists.†

Around that time, Frederikke Hansen, a curator at Shedhalle Zürich, invited me to participate in an exhibition around issues of peace and war. The opportunity to think about these things in the context of an exhibition led to the first iteration of The School of Panamerican Unrest. The school, in the form of a Shaker prairie

---

* http://pablohelguera.net/2001/09/an-american-berlin-wall-essay-2001/
† http://pablohelguera.net/2002/02/simple-gifts-2002/

schoolhouse, functioned under methodologies I had learned as a museum educator. I focused on dialogic strategies, inquiry-based learning, and other types of group dynamics, including games. The title of the project directly reflected the rationale of the structure (school), its subject (Pan-Americanism), and its approach (unrest). First and foremost, it was necessary to create a formal and autonomous platform of discussion for collective learning that directly assumed its own institutionalism (thus a "school"). The platform's focus would be the parallel social, political, and cultural narratives of the Americas, as if they constituted a transnational unity (thus the notion of Pan-Americanism and, ultimately, my invention of the concept of Panamerica). Finally, the substance of the discussion would be self-constructed, by the group; in order to elicit productive discussions, we would need not only to address truly contentious issues (i.e., historical and contemporary conflict but also to insert this conflict into the discussion by having participants embody it. In this way we would push participants to discuss what they truly believed or passionately reacted against.

This pedagogical model of interaction evolved in the 2006 version of the project. Although at the time I was not too engaged with Paulo Freire, Augusto Boal, or critical pedagogy in general, my approach was intuitively linked to it, particularly in the use of performance (Boal), the stressing of self-reflexivity and collective self-analysis in a group with the goal of recognizing its own social condition (Freire's *conscientização*), and finally the classical critical pedagogy idea of having a group respond to its realizations through concrete, constructive actions (which culminated in the Panamerican Addresses included in this book). I found myself thinking mostly in an isolated manner, trying in an intuitive manner to use museum education to create my own artistic approach; the now fashionable "pedagogical turn" hadn't yet happened.

Furthermore, while the discussions were productive, my experience in Zürich taught me not only that this discussion was needed in the Americas, but also that it must be an evolving one, a peripatetic one, imbued with its own dose of unrest. So when in 2005 I was given an opportunity to expand on the project by the Creative Capital Foundation, I decided that, in order to be consistent with the comprehensiveness of the premise, I had to drive with the school down the entire Pan-American Highway. The idea, in part, was to give attention to the expected "capitals" of art (Los Angeles, Mexico City, Buenos Aires, etc.) but focus equally on locations outside of the regular routes of art-world biennials and art production. The road trip component inevitably had a romantic, *Guinness Book of World Records*–appeal to it, which I deliberately used to my advantage: it stressed my commitment to the trip and made each stop more meaningful than the last (as the van continued south, in some places like El Salvador it was received with cheers or cameras). In the end the travel component proved the most treacherous—due less to the physical exertion of the hundreds of hours of driving than to the incredible difficulties of navigating certain highways and dealing with the lawlessness and corruption of many borders.

The political and cultural context of the transcontinental journey of 2006 is important to frame here. Social media had not yet taken off—Twitter launched in the middle of my journey, in July 2006, and Facebook opened to the public on September 28, the week I returned. Barack Obama had not yet begun his rise toward the presidency and so neither had the U.S. yet been fully enraptured by his powerful speeches. (To my surprise and fascination, Obama the speaker was a perfect, real-life personification of the kind of civil-rights-era spirit that we tried to evoke with the Panamerican addresses). And Alaska felt much more remote when I was there—very few had heard of Sarah Palin. The period also included the consolidation of Hugo Chávez's power in Venezuela (he was running for re-election then) and the contested presidential elections in Mexico—in which the left-wing candidate, Andrés Manuel López Obrador, proclaimed himself the "legitimate" president of Mexico in a ceremony that will be remembered as a colossal performance-art piece. George W. Bush's second term was underway in the U.S., and he pushed his Iraq agenda through the crises of Abu Ghraib and Hurricane Katrina. Antiterrorism paranoia in the United States had led to hardened anti-immigration stances, including the proliferation of anti-immigrant vigilantes on the Arizona border. Across the globe, oil prices were high because of the war in Iraq (which made filling my gas tank extremely pricey). The ex-dictator Alfredo Stroessner passed away days before I entered Paraguay, signaling the symbolic end to the brutal military regime he had left as his legacy. Supposedly moderate and pro-Catholic Daniel Ortega ran again for president of Nicaragua—an election that he won only to then align himself with Chávez's populist initiatives. In sum, a north-south polarity was brewing, partially created by Bush's conservative agenda and the opportunity it created, seized by Chávez, to use anti-American sentiment to support a "Bolivarian" alternative, grounded in populism. The ways in which these polarities were manifested throughout the trip in discussions and debates can be perceived in the texts included in the book.

The project, of course, was not without its critics—from those who animatedly engaged in debating its philosophical premises to those who downright rejected any kind of dialogue or form of engagement. In an exchange before the launch of the project, philosopher Stephen Wright expressed skepticism about ability of the SPU to have social impact as an artwork, since, to him, art that proclaims itself as art automatically rescinds its possibility to affect real life.* However, what neither Wright nor myself anticipated was that in its actualization, the SPU project often shifted its identity, being art to some and a social or activist event to others, and sometimes being both. And the effect of the identification of the project as art (or not) was also variable: at times, it was the knowledge that they were inside an artwork that made participants feel licensed to play and, through that play, enter into discussion about difficult and complex issues. In the workshops that followed the public programs after each stop, participants were told that they, at that moment, were now representatives of their city and that they were going to write a collective declaration summarizing the issues that their community was facing, including action points to follow. While everyone knew that the collective writing of the document was a mere exercise, the process often generated heated debates and disagreements but also often resulted in spirited statements.

---

* See "Por un arte clandestino", http://pablohelguera.net/2006/04/por-un-arte-clandestino-conversacion-con-stephen-wright-2006/ and a text later written by Wright based on this exchange: http://www.entrepreneur.com/tradejournals/article/153624936_2.html

The fabricated, iconic paraphernalia and the very formal aspect of the Panamerican ceremonies—which often were attended both by city officials and members of the art communities—further helped to blur the boundaries between art and nonart. To me, it is the ability of an art project to at times merge into the fabric of everyday life that best gives it agency. The experience proved to me—and I hope the texts in this book may corroborate this for the reader—that an art project can have a degree of social impact as long as it is able to adapt to an evolving sociocultural climate.

I work with the boundaries of fiction and the real—fictionalizing the real and giving verisimilitude to fiction—not to trick viewers but instead to create an environment of questioning that does not offer easy answers but pushes participants to create their own. Because of that goal, and because of the pedagogical approach previously described, I was adamant that I would play a role as an instigator, an interlocutor, and a documentarian, but not as a lecturer—a "professor" in the conservative understanding of the term—or provider of answers. This seemingly neutral stance led many to think that I lacked personal views on the political issues at hand or that my views were conveniently adjustable to any given time and place. Many times I personally became the object of critique (in Colombia, as an institutional agent of the New York art world, and in Venezuela, as a pro-Chávez apologist).

SPU was a performative platform that turned locals into social actors, and the script they chose to perform was to a significant degree up to them. The suspicions that this project generated among some of my interlocutors were justified, in that they were in fact being observed as they observed themselves (that is, the moment I asked them to discuss subjects that inadvertently would make them reveal their local idiosyncrasies in a forum or workshop). In places like Colombia, this dynamic took very interesting twists, since in the participants' attempts to upset the discussion system they focused the discussion on the discussion itself. However, as is the case in most participatory works, those participants most willing to engage had the more nuanced and substantial exchanges. They also provided the best portraits of the cultural and political moment in their respective cities.

I have to admit that I was probably the most reluctant actor in the entire project. While I did not believe in disappearing authorship, I actively sought to suppress my personal views and keep my personal experiences outside of the public interactions. This approach became practically untenable as I crossed more and more borders, and as my various (and many unsavory) personal adventures started affecting the project's schedule. Moreover, as I traveled, the trip started to obscure the subject matter of the discussions, as participants became less interested in talking about the official panel topics and more eager to hear about my adventures—ranging from border-crossing woes and highway challenges to bureaucratic nightmares that often stranded me for days, the eternal wait for the van in Cartagena as it was traveled via container ship from Panama, the theft of my computer in Bogotá, my collision with a bus in Cúcuta, yet another eternal wait for a visa at the Venezuelan border, to being stranded in Isla Navarino, in the middle of the Chilean southern winter, snowed under and almost desperate to be rescued. These various episodes gradually took over what had been an orderly series of panels and workshops in North America and transformed it into something closer to a Latin American *telenovela*. This inevitable merging of public and private, political and personal may have provided a necessary dimension to the experience in the end, as it ultimately could not be experienced simply in the abstract.

The question remains as to the effectiveness of the project both as an artwork and as a social or pedagogical enterprise. It is not my job to pronounce on this; instead I wish to provide accurate documentation and firsthand, eyewitness accounts of the experience—the goal of this volume. Throughout the development of the project, I kept in mind Bolivar's famous statement: "I have plowed the seas and planted in the wind." Bolívar, disillusioned by the collapse of his dream of Gran Colombia, ostensibly expressed these words shortly after resigning from the presidency and giving up any hope of bringing true revolution to the Americas. Ironically, the height of the vicissitudes of my journey took place in Villa del Rosario, exactly the location at which Bolívar tried to consolidate his Pan-American dream. There, on the border between Colombia and Venezuela, I ended up in a hotel of dubious repute directly across from a ruined historical building that turned out to be the very place where Bolívar had signed the constitution of Gran Colombia*.

In the inaugural speech of the SPU I delivered on Ellis Island on May 5, 2006, I read the following words:

> Today we live out of distrust and fear and disappointment. I believe that in art, today, we look backward because there is a sense that there is no future. We are ironic because we are afraid to assert new truths. We are skeptical because we are afraid to fail. But sometimes we have to fail, and we have to be assertive, even at the risk of being wrong. And I believe that if we do all we can, then we cannot say we really failed.

Those words were sincere when I wrote them. The desire for assertiveness and an earnest dialogue with others was a collective one at that moment (fueling the election of Obama to the American presidency), as was the desire, in both north and south, for a new beginning. But as we know from the experience of Bolívar and others, Panamerica is a place of false starts and unfinished stories, and this was also the fate of this project. While I still think that the kind of propositive social practice in art rightfully emerged ten years ago in response to a wave of nihilism that the art world had inherited from postmodernity, I am not sure if, today, I still believe the words I uttered on Ellis Island. Ultimately, regardless of how much we seek the redemptive qualities of our tribulations, there are no mitigating circumstances for failure. But for what is worth, independently of its successes or shortcomings, the project is presented here mainly as what I believe it ended up being: a snapshot of a cultural period in the Americas, embracing the contradictions of its art and its ideas, representing, as best as is possible, the labyrinthine topography of the land that I had the opportunity to cross.

Pablo Helguera
Brooklyn
March 2011

---

* http://www.panamericanismo.org/updates.php?start=17

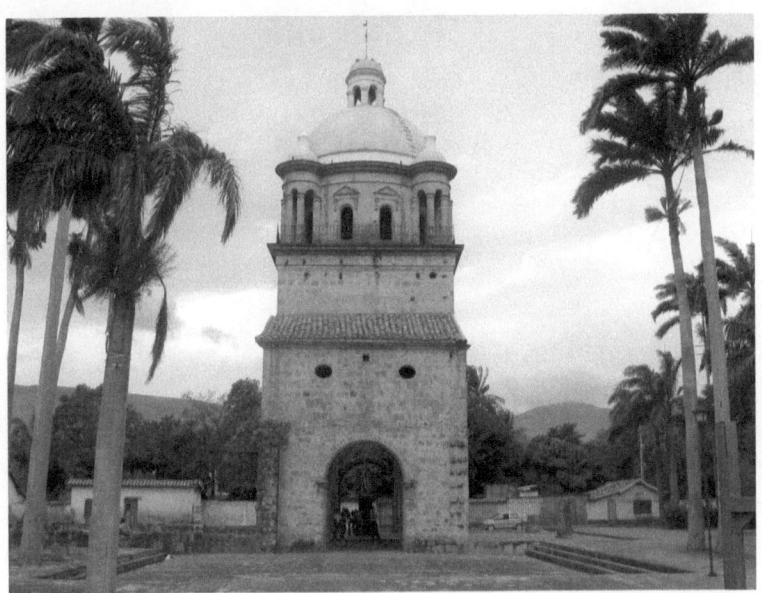

Villa del Rosario, Cúcuta, Venezuela/Colombia border
Villa del Rosario, Cúcuta, frontera entre Venezuela y Colombia

I.

PARTICIPANT CONTRIBUTIONS

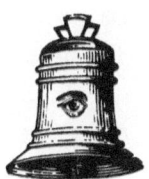

The White Whale

Though, I have to admit, I missed the first class of the School of Panamerican Unrest, I'll never forget my first encounter with *la Panamericana*: formerly an electrician's van, white, with four new tires and a check-up that supposedly would ensure a safe journey. I became her primary driver and caretaker.

After packing the schoolhouse in Anchorage (a few hundred pounds of canvas and aluminum posts), Pablo and I headed off to Fairview (a neighborhood of Anchorage) to meet Marie Smith Jones, the last speaker of Eyak, the language indigenous to Southcentral Alaska (since then, Jones has passed away and with her, spoken Eyak). The attempt to meet this woman and capture her language, or even a fragment thereof, signaled an important historical and documentary component of the SPU. This speaker of an ancient language blessed our journey.

As I took the driver's seat, Pablo moved into his office in the back of the van, where a repurposed cupboard door served as a fold-down desk and the folded-up yellow canvas walls of the schoolhouse functioned as his office chair. We quickly got into a rhythm and drove for about sixteen hours through a never-ending night. Every once in while we stopped for filming, sightseeing, or a dip in a hot spring. As our timing was very tight, I drove anywhere from 75 to 100 miles per hour (Pablo, working at his desk in the back, was unaware of our speed). You get a certain focus while driving like that for long periods, a heightened state of awareness, or at least that's what it felt like—it may have also been the coffee and sugar.

It wasn't until just before Whitehorse, in the Yukon, after driving for a day and a half, that I felt something was amiss with *La Panamericana*. I suspected the oil meter was malfunctioning, despite the fact that the van had just had a tune-up. We stopped and checked. As I looked at that dipstick I realized we had no oil. Our horse's thirst was quenched with nearly three bottles of oil in Whitehorse. We continued our journey—me driving maniacally, possessed by a sense of purpose and lust for speed, and Pablo furiously typing on his laptop.

The Vancouver stop stands out most in my mind. Once we had arrived and taken *la Panamericana* to a mechanic, we went straight to work loading the schoolhouse into the Helen Pitt Gallery. From the document collectively written by the SPU participants there, one phrase has stayed with me: "Vancouver is burning from below." It succinctly expresses the resentment felt by the local art and nonart communities about the increasing social stratification and waves of gentrification that had begun, and that continue, to overtake Vancouver. As beautiful as British Columbia is, the province is the disgrace of Canada when it comes to labor and arts. It has the country's lowest minimum wage as well as the lowest per capita government arts funding. The discussions held at the SPU were an early indicator of many issues that have since been exacerbated. During the Vancouver panel discussion, art historian Serge Guilbaut got tired of the conversation about the positive aspects of community, as if they were the answer to Vancouver's problems. He piped up and recounted a story about a community in France that was united, functional, and prosperous. The one crucial point to note was that all members of this community were fascists.

We left for Portland a day and a half later, after paying a two-thousand-dollar mechanic's bill. As it turns out, we had driven for three solid days with no brake pads on the back wheels and a cracked front brake line.

The SPU was an amazing adventure and unlike any project I have ever been a part of. I believe it had an impact as an artistic work, a teaching platform, and a social forum for people to engage with, but I feel that all these functions existed as part of this examination of Panamerica and its cultural citizens. In my eyes, the journey was an examination of the impossible idea of Panamerica. I specifically remember Pablo asking me about my Canadian identity. I remember responding very proudly and nationalistically—I felt that my country somehow made the world a better place. It wasn't until I was about three-quarters of the way through my response that I realized how much of an ingrained sense of cultural identity I possessed. It is this awareness and self-reflexivity that the SPU teased out from so many of its participants, sometimes more concretely and other times more fleetingly.

Sean Arden
Visual artist
Vancouver, Canada
February 2011

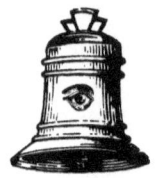

Citizenry, Contingency and the Social Body, Naked or Not

The Helen Pitt Gallery artist-run center was in the midst of a year-long thematic project, Investigating the Multitude, when we heard about the possible Vancouver stop of Pablo Helguera's epic School of Panamerican Unrest. The gallery's project, a research-driven platform of exhibitions, essays, and publications, was conceived to engage various conceptions of "the public" in relation to contemporary art practice and production.

Helguera's pedagogically structured SPU was an enticing opportunity, offering a social context for discussion, debate, and collaboration alongside the more theoretical or aesthetic investigations of our project. The experiment seemed the perfect vehicle to enact, not merely represent, some of the main ideas that had emerged throughout our programming: citizenry, contingency, and the social body.

By the time the SPU arrived in Vancouver, Pablo had launched the project on Ellis Island and completed the first part of the tour, in Anchorage. His arrival included accounts of the drive from Alaska—stories of the changing landscape, the wildlife—a massive journey in the project's earliest days. As we set up the schoolhouse in the gallery, we heard of Pablo's encounter with Marie Smith Jones, chief of the Eyak nation in Alaska and the last living speaker of her language. We heard of the message she had asked Pablo to send to a woman in Patagonia, herself the last speaker of an indigenous language, at the opposite pole of the Americas. The geographic and social enormity of the project quickly revealed itself as a series of odd, poignant connections.

The Helen Pitt Gallery's SPU project involved a number of elements: an initial e-mail correspondence with invited participants to introduce them to each other and develop a loose agenda; a public roundtable discussion about Vancouver's cultural and artistic climate and its relationship to the political, social, and cultural climate in the Americas; a workshop to compose a Vancouver-specific Panamerican Address; and, finally, a Panamerican Civic Ceremony and closing reception. A collection of films, documents, artworks, and ephemera remained in the gallery as an exhibition after the SPU went back on the road.

The collaborators invited to help lead Vancouver's SPU roundtable discussion were a deliberately incongruous group of cultural workers who all had some background in the cultural history of the Americas or the more specific social conditions of Vancouver. Curators Michèle Faguet and Charo Neville, Work Less Party spokesperson Conrad Schmidt, artists Jeremy Todd and the St. George Marsh project (Jacob Gleeson and Gareth Moore), writer Aaron Peck, and architecture critic Trevor Boddy all agreed to help prompt discussion.

The roundtable on May 26, 2006, was a tightly packed townhall meeting. It rotated around two topics that are very present in Vancouver: real estate and community or collaborative art. It also attempted to imagine these issues within the context of the Americas as a whole. The discussion meandered, sticking loosely to the above points. While we don't remember all the specifics—it would be impossible to recall such a sprawling series of perspectives—some of the questions still remain clear: How does the individual creative/expressive act relate to community? Who are these so-called publics? In what ways can art be viewed within the narrative of real estate and the history of land usage? Are there ways to accurately or adequately transpose regional lessons and issues to other locales and community bodies?

Vancouver's SPU forum remains memorable for the pulse and resonance of the questions asked as well as for the act of questioning. It is for this reason that it reminds us of French writer Edmond Jabès, who imagined a reversal of the question-and-answer dynamic. As Jabès asserted, it is through the question that communication occurs as a sort of shared ground within the divisive, severe, and perhaps undecipherable field of the answer.

One last recollection: the next day, we met with Neville, Peck, Boddy, and Helguera to prepare for that night's Panamerican Civic Ceremony. We were writing a collective statement, the Vancouver Address, to be read out that evening. Amidst the false starts, points of argument, and occasional flourishes of disassociate humor ("Whereas we assert our right to ride naked in Vancouver and call it 'art' and also to refuse calling it 'art'; we assert the allure of our prosthesis . . ."), we soon settled into a shared play of fundamental assertions and agreements. The statements became objective, yet somehow collectively subjective.

Within this process, it was Peck who reminded us of the underground peat fires that burn with regularity and duration in some areas around the city. The image of these invisible fires has become a collective metaphor for the SPU in Vancouver. A shared urgency arose in these events, a distinctive smoldering of opinions and ideas. The excitement of having a non-structured space for public discussion was palpable in the audience, as was the frustration over the general lack of such a forum.

> Lance Blomgren and Carey Ann Schaefer
> Directors/Curators, Helen Pitt Gallery, 2005–06
> Vancouver, Canada
> March 2011

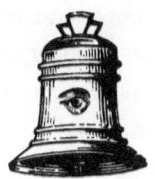

The School of Panamerican Unrest Visits Calgary

The School of Panamerican Unrest arrived in Calgary, my hometown, in the early morning hours of June 5. Our arrival was preceded by a marathon drive from Portland that included a crash course in the operations of Burning Man from our new friend Nick and a pit stop to investigate a disturbing fantasyland composed of strange and somewhat offensive sights. After a couple hours of sleep we began to set up the school tent in the center of downtown Calgary. Calgary is a city in a state of constant growth; Canadians from across the country migrate to the oil-rich town in search of opportunities. The evidence of this migration was present as we set up the SPU tent in Olympic Plaza, where medals were awarded during the 1988 Winter Olympic Games. The park was filled with young men sleeping, many of them holding jobs but unable to pay the inflated rental rates created by a recent economic boom and an influx of job seekers.

Alberta is a traditionally conservative place. In contrast to the politics of the region, Calgary is home to the Alberta College of Art and Design, one of four national art colleges, located only 60 miles from the Banff Centre for the Arts. Making art in a conservative environment like Alberta is implicitly political, and many artists practicing in the Calgary community consciously mix politics and art. Keeping these issues in mind, the SPU organized a panel discussion titled Political Art: Persuasion of Alienation. The panel was composed of Grant Poirier, a senior artist and activist in the Calgary scene; Don Simmons, an artist, ACAD instructor, and transplant from the east coast, and Mireille Perron, a French Canadian artist and teacher at ACAD. The panelists and the audience members discussed the creation of political art in a conservative climate. They spoke about traditional techniques, such as the use of witness cameras to protect protestors from violence (Poirier), and evaluated interventionist art projects in social spaces (Simmons).

Calgary artists are often confronted with the political ramifications of art and the difficulty of communicating with an audience that is often unfamiliar with contemporary art. The panel discussion was later criticized by a local writer for failing to engage with Calgarians—obviously, this critic had failed to attend the free video screening and workshop held outdoors in a public park alongside the SPU tent. The declaration written by Calgarian participants in the workshop includes this statement, my favorite: "We acknowledge the Calgarian mythology of the West, the frontier, the promise of black gold, the rush of hitting it big; We also acknowledge that the myth is fed throughout Panamerica and that the frontier is always out of reach."

Since 2006, materials from the SPU have visited Toronto, the city where I currently live. Documents have been exhibited at XPACE Cultural Centre and at the Justina M. Barnicke Gallery. Pablo Helguera was not present to provide workshops at either exhibition, making me feel that the most critical component of the SPU had gone missing. Without Pablo's presence it was hard to feel a connection among Toronto and the other regions of the Americas. To this day, I remain convinced that the heart of the SPU was social engagement, facilitated in great part by Pablo's eagerness to create connections between communities.

> Gale Allen
> North American Coordinator of
>   the School of Panamerican Unrest
> Calgary, Canada
> March 2011

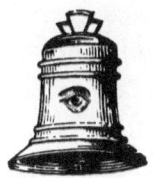

Pan-American Unrest, That Far Off Look in Your Eyes . . .

The sort of cultural work I traffic in can over time become somewhat hazy. Conversation leads into formal discussion and back to conversation again and again, circling back in on itself. Although the work arrives at topics from varying histories, both collective and individualized, much of it is nonetheless concerned with similar issues. It can become a jumble. What draws one away from the dark, endless alley of cynicism is people. People fill out these histories and seemingly similar topics. They make each project, each utterance, dissimilar, yet just similar enough to the last to create a palpable continuum. People's lives fill out the projects and make them whole and real. Alliances and affinities are born. Otherwise it's all for naught, empty rhetoric, theoretical and disengaged.

Pablo Helguera came into Portland, Oregon, as I imagine he came into all the cities on his trip; traveling alone, meeting people on the way, thinking about topics that were of deep concern to him, discussing them in public, winning, failing, creating direct intimate connections, leaving others in the dust. I remember meeting up with him not long after he returned from his journey. Having made long trips for misbegotten reasons many times myself, I was familiar with the look in his eyes. Pablo seemed confused about what had just happened. Had he accomplished what he set out to achieve? He didn't know. He knew all the crazy things that had occurred, the interesting people he had met, and the bastards as well. We spoke at length about his van being seized at some border in Central America and all of his equipment being confiscated, forcing him to buy it back from the authorities. He spoke of being stuck at the end of the earth, unable to escape. I wondered whether he thought he had failed somehow. I wanted to tell him he needed to think about his goals in a completely different way. But it was too soon.

As for the formal event that took place in Portland, I honestly can't remember much. I remember sitting on a platform and speaking about something. I remember a woman in the audience talking about how Americans were disengaged from politics, how they should look towards Hugo Chávez and Venezuela, where every citizen proudly keeps a copy of the Bolivarian Constitution on their person. I remember how I took out the copy of the United States Constitution that I keep in my pocket and suggested that it's best not to speak in such broad binary generalizations when it comes to nations and their citizens. There are no easy answers. What I remember most vividly, though, is speaking with Pablo and asking him about what he'd seen and how he felt thus far on his trip. I asked what he had in store for himself and what he hoped to accomplish. I remember talking, listening, sharing some drinks and food, and considering the complexities of a project that traveled such a long distance, that asked so much of itself and its participants that it risked the chance of disengaging from what it set out to do.

Around the same time, the artist Michael Rakowitz was attempting to complete a long journey of his own: to revive Davison's, his grandfather's import/export business, in its original Brooklyn neighborhood. His project was titled *Return*, and the aim was to import Iraqi dates. Michael's family, exiled Iraqi Jews, had set up their shop on Atlantic Avenue in the late 1920s and sold, among many items, Iraqi dates. Dates are extremely important within Iraqi culture. Often a date is placed into the mouth of a newborn infant so that he or she may taste the sweetness of the country within the first days of life. When Michael proposed reopening the store, Iraqi dates had not, officially, set foot in North America in over fifteen years, due to the embargo on Iraqi goods declared during the first Bush administration. During the embargo, Iraqi dates arrived in the United States in a convoluted fashion—for example, they were grown in Iraq, processed in Syria, canned and labeled in Lebanon, and shipped to and sold in Brooklyn. Michael's plan was to be the first business since the first

Gulf War to sell Iraqi dates in the United States and label them as such. This wasn't easy. The dates were caught in huge traffic jams at the Iraq border. Without the proper paperwork from the provisional government, the goods were turned back by US soldiers. They went rotten in transit. In the meanwhile, yuppie Brooklyn Heights residents arrived at the shop, as did Iraqi ex-pats and Brooklynites of many stripes, all waiting for the dates, anticipating their arrival, and each day they were told exactly where the dates were stuck in transit. This must have been hard on Michael at the time. It was especially hard on the curators of the project: this thing that was supposed to be was not, this thing was failing.

But it wasn't failing. And the more time Michael spent speaking with people coming in through the shop, the more he realized how much better the project had become. He described the delay to people. The analogies to the human cost of war were obvious. Dates, people: everyone gets caught up in the bureaucracy. Sometimes they rot and die, and yet there always remains the possibility of that sweet return, the possibility to get your first taste of an Iraqi date since you fled the country. Michael's project, just like Pablo's, still continues to this day: it lives on in discussions. It lives on in the recollections of the people who experienced it. We are, in effect, continuously awaiting its arrival. (In fact, not even this book will bring the SPU to an end, no matter how much Pablo might want it to.)

It's in the people that we meet and commune with that the minutiae of our ideals resonate as flesh—living, breathing, and expanding into the lives of others, however unseen or unresolved. Our plans are there to dissolve into these interactions, not dictate them. Our plans are the energy that gets eaten up by the people we meet, put into motion, so we can begin our progression towards the horizon line.

Sam Gould
Red76 Arts Group
Portland, USA
March 2011

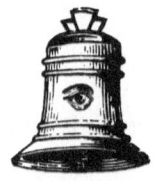

Intersections

I found out about the School of Panamerican Unrest from Sofía Olascoaga. At the time, I edited and coordinated *Bulbo Press*, a publication about urban culture. Sofía had contributed to the magazine and helped me distribute it in Mexico City. When she told me that the SPU was looking for someone to drive from Mexicali to Toluca, I signed up. The project seemed strange and fascinating to me, particularly because of the planning and work of so many people involved. What is more, as a child I had accompanied my father on innumerable road trips to the interior of the country, and I was thrilled by the idea of returning to those places. I prepared for the trip by resting and following a flour- and corn-free diet, to avoid fatigue during the trip.

As we went over the details of the journey, we came up with the idea of organizing a roundtable discussion about the differences between the urban myths of Tijuana and Mexicali. Those who represented Tijuana were me and a few people I suggested. The day arrived, Pablo met me in San Diego, and we went straight to Mexicali without stopping in Tijuana. When we arrived, we got everything into gear for the presentation—and my guests, who the night before had been solidly confirmed and who had planned to arrive by their own means, didn't show. It was a pretty disappointing moment, given that the trip had only started, and I felt that I had begun on the wrong foot. Luckily, Pablo adapted swiftly to the new circumstances.

The dry heat and a narrow highway were our entry into Sonora. For the largest part of the trajectory, Pablo worked on his laptop. We didn't encounter many obstacles until the second night, when, entering Nayarit, the comfort of the highway gave way to thick dust clouds on a dirt road without signs. We had no option but to stay overnight in Tepic. In a physical state beyond fatigue, I started to feel great sympathy for the drivers of other vehicles that moved slowly because of their heavy loads. A quick glance at our van showed pipes and tarp as our load. I loved the idea that this structure took on a different meaning when inhabited by the Panamerican project. Surrounded by large shadows, nothing suggested that in faraway places there would be people enthusiastically awaiting the SPU's arrival.

The city of Lagos de Moreno, nested in its tradition, was a great discovery for me. It was like making a break in our accelerated rhythm. Carlos Helguera's hospitality erased all memories of the drive. An entrepreneurial, passionate, and active man, he brought people together in the Casa de la Cultura. The roundtable was a bit informal but of great interest to teachers and artists. Pablo, who from the beginning had given me the impression of a classical man, functioned as connector between traditional arts and contemporary practice.

The next day was election day. I went to a special voting station in Lagos. The hope for a profound change had withered with president Vicente Fox, but on that day we felt again the opportunity to make a difference. The elections that year ended on a controversial note and polarized the population.

In Toluca I exchanged steering wheel for camera to document the talks. I also helped put together the SPU tent, which required the hands of three people. I enjoyed this teamwork, the individual wills joined in the collective goal. To this day, when thinking of the SPU, I am impressed by the power of one person to create such a vast network. The value of realizing these dialogues and connecting remote distances has to do with what one has in common. The participation and tolerance needed to come to such agreements were absolutely necessary and are nowadays, in Mexico, more relevant than ever, given the circumstances of violence, fear, and distrust. Doing a project like the SPU in some regions of Mexico would now be impossible. Last year, for instance, I encountered one of the so-called *narco-blocades* in the state of Michoacan. The participation and capacity to connect with other people in our immediate circle helped build stronger and more proactive relations.

Juan Navarrete Pajarito
Bulbo
Tijuana, Mexico
March 2011

I would like to express my gratitude to Pablo Helguera, Sofía Olascoaga, and my colleagues at Bulbo for their help and trust.

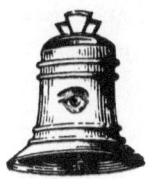

Gastronomy and Tradition, The SPU in Puebla, July 2006

The School of Panamerican Unrest found a space for dialogue in the Baroque city of Puebla de los Ángeles. In the Zócalo of the city the Panamerican Anthem—the voice of Pablo Helguera—was accompanied by the Orquesta Típica del Estado de Puebla. Attendees of the project in Puebla belonged to the visual arts community and to the random passersby who traversed the public square.

After the Hymn and the installation of the school, there was a debate that fulfilled the proposal of generating a dialogue about themes of interest to the local community. We spoke about culinary tradition, rituals, and how these surface in our particular *poblano* society. The most distinguished participants were Eduardo Merlo, archeologist and chronicler , and José Iturriaga, historian, former General Director of Popular Cultures of the Consejo Nacional para la Cultural y las Artes (CONACULTA), and prize-winning author of twenty-seven books about gastronomy and similar themes. One of the starting points of the discussion was the idea that gastronomy is the reflection of its time and that it contributes to cultural identity. It reflects uses, habits, and ways of life. Regional cuisine represents a cultural totality, which is why contact with it favors understanding of a society and its surroundings.

The fundamental questions were these: If Puebla is distinguished for its cuisine, and knowing that a great part of its tourism has emerged in relation to local delicacies, then why should *poblano* cuisine adapt to new *mestizajes*? Why should it accept new gastronomic influences from other countries? Iturriaga mentioned that Mexican cuisine is a cultural phenomenon, related to the history and the memory of traditions, and that it also presents a natural evolution.

Traditional Mexican cuisine goes back three thousand years, to the time of the Maya civilization. This cultural wealth has been exposed to influences and fusions, associating with European ingredients, without losing its identity. Even to this day, and despite the supposed existence of *haute cuisine* in Mexico, the basic ingredients have stayed the same—maize, beans, and chiles. Mole and tortilla, for instance, can be found in the most humble household as well a five-star restaurant. Popular Mexican cuisine also makes it into the luxury kitchen. Iturriaga mentioned that, in Mexico, gourmet dishes come from the common people precisely because of their relation to corn and its mixing (from the sixteenth century onward) with Spanish cooking. According to him, food is truly democratic: cooking is a cultural act and happens on all social levels.

Merlo, in turn, discussed the historical side of mole, a typical *poblano* dish, which has had a definite impact on the cultural and historic development of Mexico. Both specialists mentioned that food in Mexico represents tradition in transformation. While habits follow the steps of modernity, Mexicans nevertheless maintain an identity through expressions or cultural manifestations such as food. This event ended with a tasting of mole.

It is worth noting that in November 2010 UNESCO proclaimed Mexican food to be world heritage patrimony, adding it to the Representative List of the Intangible Cultural Heritage of Humanity. May this declaration help in stimulating programs of preservation and promotion of our local cuisine. And may the SPU encounter in Puebla help us remember that the vast patrimony, both tangible and intangible, of the peoples and social groups in Mexico is dynamic. Gastronomy as a cultural manifestation relates to ways of life and social development as responding to the options available to persons.

Xavier Recio Oviedo
Independent curator
Puebla, Mexico
March 2011

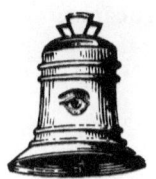

Visit of the SPU to the Yucatan Peninsula

To seal the School of Panamerican Unrest's visit to Mérida, we organized an official ceremony in the Centro Cultural in which the Panamerican Anthem was interpreted by the municipal music school and its conductor. This ceremony was as official as could be: among the students and the teachers who attended were the Yucatan Secretary of Culture and the Academic Secretary of La Escuela Superior de Artes de Yucatán (of which I was then director). No one hesitated to stand up during the hymn. Everything was very serious, solemn, with respect for official things, even though most people undoubtedly wondered what it all meant. I remember Pablo Helguera mentioning that Mérida was the place where the ceremony took place in the most official manner, and I wasn't sure whether he had expected it or not. I saw the ceremony as something that had to happen with the greatest solemnity possible—especially because I felt that it was the only way to guarantee the audience's participation.

I don't really remember the impact it all had on the attendees; I imagine there must have been some dissatisfaction. I do remember having to convince the director of the music school to rehearse and direct the hymn, which he thought was "very bad music." Some students and teachers from the Escuela Superior attended the workshops. I assume they knew Helguera by name; the fact that he had come from New York was their main reason for participating in the workshops. During the discussions they realized that criticism was rarely practiced. This was the starting point for some students, and in particular for Debora Carnevali, to start organizing sessions of critiques of work made in Yucatán.

> Mónica Castillo
> Director, La Escuela
>   Superior de Artes de
>   Yucatán (2004–07)
> Mérida, Mexico
> April 2011

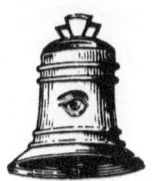

The SPU and Its Affective, Educational Legacy

Writing this text five years after my experience as collaborator in the School of Panamerican Unrest requires me to distinguish, with all implications that distance may bring, aspects of the project that seem relevant to consider to this day. This text is not meant as an exhaustive analysis of the project but rather as an anecdotal, reflexive exercise that, hopefully, is a productive approach for the reader. I'm interested in reflecting on the quality of the network of relations, both professional and affective, between collaborators in the SPU, examining the role Helguera auto-assigned to himself as artist, thinking about the pedagogical processes that he orchestrated in that function, and discussing the problem of documentation and representation of the project, given that most of it developed live for the artist and those who were involved.

When Helguera invited me to have a coffee in La Condesa in 2006, I didn't know what was coming. He told me about the SPU and invited me to work with him as coordinator of the Mexico events. Before I realized it, I was overcome by enthusiasm and had told him yes. At that time, I didn't really know what my job would entail. It was one of those decisions taken by intuition and with wholehearted assent, with heart and soul wanting to be part of the experience. All of this was certainly due to the inevitable contagion of Helguera's enthusiasm.

I wanted to closely observe Helguera's working method, which had intrigued me since I first met him. His particular professional profile integrated artistic production with work as an educational facilitator in museums. I was interested in this combination from a professional perspective; up until that point the people who had taught me insisted that the two activities were incompatible. And I wanted to learn how he understood the question. This is relevant given that in the SPU Pablo deliberately maximized the articulation of his conceptual, lived, educational, emotive, idealist, managerial, performative, musical, discursive, and other, more or less explicit, interests.

Who owned the project? Who was the SPU for? And what was its purpose? The first and foremost spectator of the project was Helguera, himself. It was also articulated and conceived, on different levels, by those of us who participated in the organization and hosting of the travelling project. It was for those who attended the workshops, talks, and concerts, for those who let themselves be seduced, for those who played the dream and pretext of Pan-America. In operational terms, one should note the large number of resources that were put into movement for the SPU—economic but mostly personal resources, from private, institutional, individual, temporary, and media organizations—as well as the support of those who participated in and dialogued with the SPU and who in each place mediated the organization and the identification with the local scene. I think it is important to note that in this grand undertaking Helguera functioned incessantly as orchestrator of the operation, which encouraged the affective investment and enthusiasm of those who became involved as accomplices in the project—as hosts of the SPU and as followers of Helguera's proposals for each occasion. Among colleagues, friends, and collaborators, we shared the pleasure and conviction of participating seriously in this undertaking, even when it was clear, on certain occasions, that the SPU had touched the limits of the improbable and the absurd.

The project struck a particular balance between the articulation of a large operative network, a quasi-acrobatic and virtuoso organizational undertaking, on the one hand, and, on the other, the investment of resources according to the dimension of each hosting location, mostly focused on the activation of local relations with a disposition to affect and transform. Another important point of equilibrium has to do with the fact that the events did not only emerge within the mainstream, but also surfaced in networks in another type of circuit: public venues, artist-run spaces, universities, and other institutions of the "independent" sort—centers of cultural production at a more human scale, which nourished the diversity of audiences in situ. At least in the Mexican trajectory, the SPU occurred on a public square in Puebla, in a classroom in Toluca, and in two institutionally recognized spaces in Mexico City. It was a combination of artistically legitimized visibility and everyday situations in which the presence of the SPU almost disappeared.

What position did Helguera take as artist? From whence did he organize this relation with the participants, with his interlocutors, and with each community? I believe that the development of this project came with a multiplicity of meanings. On the one hand, there was the lived dimension of the trip for Helguera, himself—imposing a personal experience on himself, even of a closure of a particular stage, putting to the test the utopian impulse and the concrete execution of an idea. On the other hand, the project demanded a clear investment of collective energy, and along the road he orchestrated a series of diverse dialogues with a varied public. Considering this second aspect, one inevitably asks: What was left behind in each place? What did the SPU leave along the road? In the majority of the encounters and talks that I could attend, it became clear that everything started from exchanges between members of the local context. Nevertheless, because of Pablo's initiative, the encounters were of a order distinct from the everyday and created the opportunity to discuss forgotten or neglected themes. They became a pretext for activating dialogues between people and representatives who had possibly stopped interacting. Through the SPU program, we found reasons to reinitiate and reconfigure previous conversations. The presence of a person from outside the community distorted habits and opened up new possibilities.

How can we reconstruct the dimensions of the project? Would it be possible to arrive at a total presentation of it? Without any doubt, this book is a worthwhile attempt to do so. Nevertheless, I consider the project's paradox (the need to register the totality of an event of such dimension) a pertinent one as well as the limiting and limited nature of the tools for documenting the experience. From what documents and sources can we represent the SPU today? One could argue that the only participant who saw everything was Pablo. The photographic, video, and diary documentation was carried out in a rigorous and systematic manner, but the truth is that some events and trajectories were inevitably lost—because there were moments that remain unregistered, because cassettes got lost, because halfway through the trip a hard drive was lost, etc. Still, what Pablo saw, he witnessed from his own perspective and with an eye for the issues he wanted to resolve. For this reason, this anthology, in which the different voices of participants are brought together, makes sense. I believe that the best image with which to represent the SPU is that of a map contextualizing the project's geographic, lived, collective, and individual trajectory; it would comprise the skeleton of the operations and contents and would reconstruct, in a metaphorical way, part of the network that the project set into gear.

From the operative and affective position in which I collaborated, I can say that the project impacted my development. It allowed me to recognize the concerns that I already carried within; I didn't know that art, education, curating, the artistic and organizational processes, and the participation in a wider debate about the inherent political dimension of cultural production could be successfully integrated. I learned to look, question, identify, and experiment with different forms of relation to the artistic and educational processes. The experience prompted me to question disciplinary limits in an active way and to use play and compromise with the audience to ponder the possible and the transformable, and to show it. After I finished working with the SPU, I continued my own research and I hit upon the "pedagogical turn," the work with specific communities and with museum education that became my professional field. The dialogue that I initiated with Pablo during the development of the project continues to this day. It has materialized in new encounters and collaborations, and it also has become an internal dialogue in my own working process, in which some SPU questions and conversations continue to resound. Looking at it from a distance, I can say that the continuous testing of disciplinary boundaries and reinventing of formats for dialogue and encounters that now form an integral part of my work are part of the legacy of my participation in the SPU.

>Sofía Olascoaga
>Mexico Coordinator of the
>>School of Panamerican Unrest
>Mexico City/New York
>March 2011

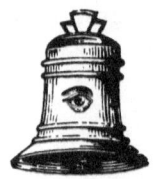

Dérive and the Validity of Utopias, Five Years after the School of Panamerican Unrest

"Unrest" is a word that creates appetite and sadness, melancholia, and an anxiety- and affliction-inducing fear. As far as I have experienced unrest, I understand it as making the imagination dance before defining the actual event. The simple mention of the term led me to say yes to the School of Panamerican Unrest, the project that Pablo Helguera brought to the entire continent and to Guatemala City in July 2006.

At that time I was planning a project related to Central American migratory displacement toward the North, a subject that conjures the transition between Mexico and the United States. Several ways of narrating the histories of that area have created a vision of the border related to the difficulty of cultural coexistence and an impossible balance between the legal and the illegal. In this web, the histories of those who initiated and give actual form to the phenomenon disappear—that is, the histories of the thousands of people from Guatemala, El Salvador, and Honduras who move to the USA every year, leaving behind the economic and political difficulties that pushed them away from their home countries, their families, and the sources of their identities. That's why I saw in Helguera's project something beyond the migratory problematic: it sensitized us to and reflected on the human need to travel, for whatever reason, and in whatever form.

The SPU was not about migration in the usual way we understand it now. The notion of Pan-Americanism, moreover, always raises a series of well-known contradictions. Even though it was a product of diplomatic, political, economic, and social interests, with the goal of strengthening relations among the countries in the Americas, US interventions in Central America and the Caribbean and the development of the Cold War certainly established less-than-friendly inter-American relations. Nevertheless, it is not until now that I see a certain sense of *dérive* in the SPU, as something incomplete, that in combination with the word "unrest" was very provocative. The voyage of the SPU reminds me of the French Situationists, for whom the *dérive* was a technique of uninterrupted walking through different areas, in which the aleatory was less important than one may think. Cities have a psychogeographic relief, with constant currents, fixed points, and whirlpools that inhibit easy access to some areas. In a project like Helguera's, it is necessary to allow oneself be taken by the currents, to provoke a new approach to the harbors one stopped visiting a long time ago—because of their obviousness, dementia, or for being spaces filled with chimeras and from which we decided to exile ourselves . . . for being that space that we identify as Latin America, that big house from which no one has left uninjured.

Helguera took us on that trip to rethink the territory from North to South and to make its extremes coincide. It was impossible not to make connections with the dreams of heroes, chroniclers, writers, poets, musicians, artists, and democratic *caudillos* of past times, all of whom have traversed the continent to recognize and reconstruct it from its ruins. One cannot help but think of Joaquín Torres-García's inverted map, that permitted one to dream it with an inverse force of gravity, or of the film *The Motorcycle Diaries* (2004), directed by Walter Salles, which reminded us that there is a certain permanence to the concept of Latin America. Inside a tent-school that was set up and taken down at each point of the trip and that was accompanied by a flag of unrest and inequality, we joined a voyage that went in search of a certain permanence and validity of utopias.

Rosina Cazali
Independent curator
Guatemala City, Guatemala
March 2011

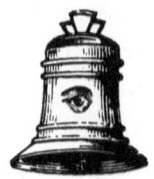

The School of Panamerican Unrest: The Emblematic Van

I am waiting for Pablo Helguera at *las chinamas*, the border that divides Guatemala from El Salvador. This Mexican artist who lives in New York had just presented the School of Panamerican Unrest in Guatemala City. El Salvador, the next host country of the SPU and the little dwarf of America, is an obligatory stop in this artistic and pedagogical project.

I see a white spot crossing the border bridge. It is the unmistakable van that transports the structure of the SPU. Helguera and I give each other a warm hug, we chat for a while before going in to customs. Though we had prepared the paperwork given to us by the university, in which the project was explained, the entry into the country is still quite cumbersome, as it takes us a while to explain it all again in simple, nonintellectual terms to the customs agent. Finally we hit the road again and continue the trip on the Pan-American Highway. This can't be done without attending the proverbial motor at the Pupusa Loca restaurant and eating some *pupusas*, a typical Salvadoran dish. Another artist awaits us there, Ronald Morán. While we enjoy the food, Pablo documents, with his camera, the space and environment of the restaurant. On our way to the university we talk about general issues in relation to the project, about its development prior to its arrival in El Salvador, about the details of the installation, the conference, etc.

We arrive at Universidad Dr. José Matías Delgado. Here Lic. Hugo Martínez awaits us. He is the coordinator of the university's Escuela de Artes Aplicadas, which specializes in graphic design, craft and environmental design, and is in charge of the SPU's logistics. He was the one who had communicated with the SPU and facilitated its arrival in San Salvador.

The moment to retire arrives once the school structure is installed at the university. Pablo, with so many miles of driving in his white van under his belt, is visibly tired.

The next day brings the inauguration of the SPU. The students and the university community are in front of the Escuela de Artes Aplicadas. Pablo is finalizing the last details and starts with the acknowledgments, after which he reads the Panamerican Address of San Salvador. He donates a screenprint of the SPU to the director of the Escuela de Artes Aplicadas, sings the Hymn of the SPU, which the entire university community hums without understanding, avoiding eye contact, but always attentive to the event. Finally, the bell tolls *independista*-style and brings life to the event. The cycle of artist screenings starts inside the yellow tent as well as a conversation with Pablo about the featured videos.

At noon we eat with other local artists (Walterio Iraheta, Ronald Morán, Teyo Orellana) in a market, with a *combo* band to flavor up the atmosphere. We return to the university campus and gather in the multipurpose room, where the central part of the program will take place: the debate about uses and disuses of Salvadoran art. When Pablo presents the SPU's project, no one interrupts him because they are all very attentive to the presentation. In order to terminate the tomblike silence, Pablo presents video work by international artists whose artistic proposals concern themes that are equally relevant in the complicated Latin American context. Time flies by and the students, fascinated by Pablo's explanations, get into the content of the videos, more so than the Salvadoran context.

When we return to disassemble the SPU tent, Pablo and I make a brief stop and I give him, in a very official way, a bottle of local artisan liquor called *chaparro* (courtesy of Orellana). Pablo, in turn, accepts the liquor in a very reverential manner.

The day is ending and we have to pack the school structure. The next day, we check the van to make sure it is ready to continue the trip. Our voyage with Pablo ends at a gas station on the outskirts of San Salvador, where I say good-bye and leave him a sentence written on the inside of the van. The van disappears in my rearview mirror.

> José Rodríguez ("Chepe")
> Artist
> San Salvador, El Salvador
> March 2011

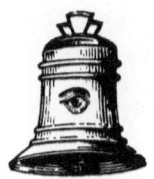

Crossing the Map:
Memories of the Evening Hymn*

I first heard about the School of Panamerican Unrest through Luis Croquer, one of the collaborators on the project in New York. At that time, I had seen Pablo Helguera's work at the 8th Havana Biennial and I had read some of his stories in *Artnexus*. A few months later I received a message. It was the SPU proposal and, starting from that moment, our team at the Mujeres en la Artes organization set out to facilitate the trip.

After several exchanges of messages about how to develop and circulate the project, we set hands to work to make the SPU in Honduras a reality. It felt like putting together the pieces of a complex puzzle. We had to take into account a very unusual factor: the placement of a literal and conceptual structure like the SPU into the public sphere. It was one of the most significant challenges to us as local facilitators of the project.

We incessantly asked ourselves about the possible impact of the school and how local artists would connect this project to their own context. We also had to account for the relevancy of the reflexive dynamic within the larger history of Pan-Americanism, particularly in a country like Honduras, with its latent cultural diversity in the larger social geopolitics of Central America.

The social, political, and cultural installation of the SPU played a determining role. Plaza de la Merced, surrounded by the most important public buildings in the political and religious life of

---

* The title of this piece is inspired by a collage by Pablo Helguera titled *The Evening Hymn* (2007).

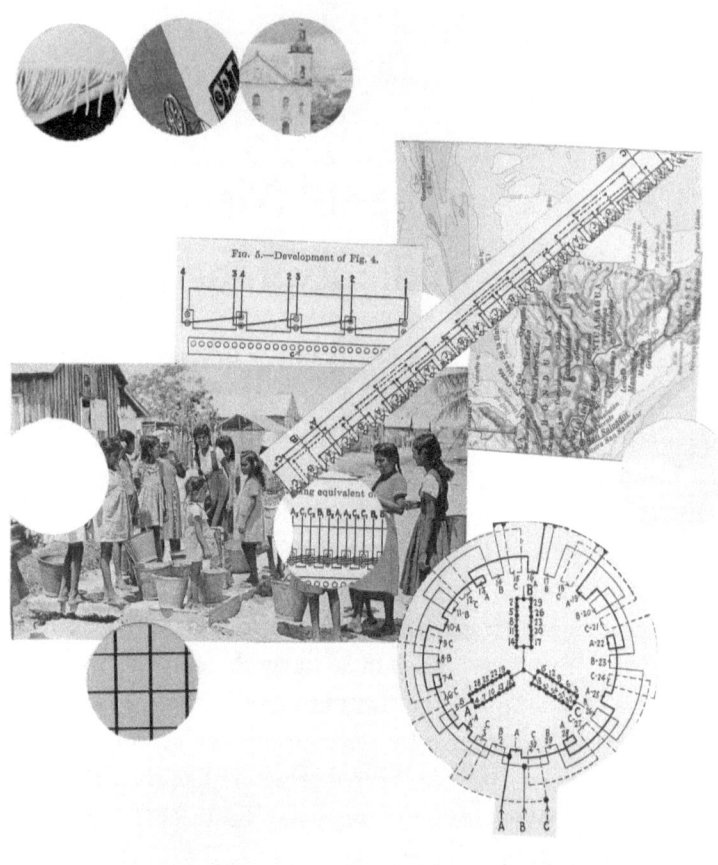

Evening Hymn, from the series *Suite Panamericana*, 2007, collage on paper, 9×12"

Tegucigalpa, connoted what Helguera himself observed in his diary on day sixty-six of his trip:

> Plaza de la Merced of Tegucigalpa is the epicenter of the city, commerce, public life, and urban problems of life in Honduras. The individuals who circled the school wanted to dismantle it to use the materials for their own houses. A woman asked me whether I was an Evangelist, "because we're all Catholics here, you know?" Another woman asked me to help her sick daughter, "because we don't have access to important people like yourself." The waterfall of a variety of questions, from begging for money, work, or spiritual aid. The frustration and sense of abandonment were overwhelming. In the Northern countries, the public had the luxury to ask if this is art, here they came to know if they could find something on which to lift themselves up.

Until that moment, the SPU had been a big rumor. Nevertheless, the closing ceremony, on the evening of July 25, 2006, with the declaration of the Panamerican Address of the City of Tegucigalpa and the performance of the Panamerican Anthem, proclaimed by Helguera from the balcony of the Merced ex-convent (aka Antigua Paraninfo Universitario), resounded with symbolic connotations. The square, locus of the public voice and of struggles of labor movements, was transformed into a stage and sounding board for the hemispheric voice proposed by Helguera in his composition.

I remember how, after three days of intense preparations, Adetty Pérez Miles, documentarian of the project, and I observed the arrival of the van *La Panamericana*, with the emblem on its flank. It transported Helguera and Arturo Cerrato, who was the driver from El Amatillo to Tegucigalpa. We thus began our first encounter, which would become the ground zero of a symmetrical and poetical voyage that established a constellation of spiritual links. It was an experience that gave rise to a crescent wave between two of its principal historical subjects, Marie Smith Jones and Cristina Calderón*, territorial and existential foundations for this Pan-American project.

---

* The SPU journey started with an interview in Anchorage with Marie Smith Jones, last speaker of Eyak, and concluded with an interview in Puerto Williams, Chile, with Cristina Calderón, last speaker of Yagán.

Bayardo Blandino
Artistic and Curatorial Director,
Centro de Artes Visuales
 Contemporáneo de Mujeres
 en las Artes (CAVC/MUA)
Tegucigalpa, Honduras
February 2011

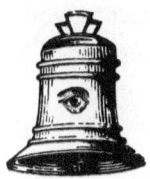

Unrest in Paradise

The question "¿*Pura Vida?*" (Is life good?) only has one answer: "*Pura vida*" (Life is good). This everyday symmetry in the Costa Rican way of greeting annuls any possibility of not being well (or, at least, of expressing it). No one will ever consider saying "No" or "More or less" when confronted with the optimistic fantasy of *pura vida* (literally, "pure life"). After all, the efficacy of this gesture depends on its constant repetition. In another way, but with an almost equal enthusiasm, one could even respond, "*Costarricense por dicha*" (Blessedly Costa Rican). This saying apparently surfaced in a census of 1904, as an answer to a question about nationality. It would become the title of a book by historian Iván Molina about the invention processes of Costa Rican nationality.

It should come as no surprise that the San José sessions of the School of Panamerican Unrest focused on "practices of paradise." The debate that the SPU activated at TEOR/éTica aimed to rethink those cultural practices, histories, and imaginaries that produced the fiction of well-being. Besides a few historical observations, the questions on the table that day had to do with actual promises of paradise "*a la tica*" (that is, the Costa Rican way)—ecology, tourism, and real estate ideals. The Address of Costa Rica started with "Costa Rica wow" and was written by participants in a workshop at the Museo de Arte y Diseño Contemporáneo, led by Helguera. The rest of the Declaration brings together a series of sayings, idiomatic phrases, and proverbs, as if there were no alternative to repeating them. Or perhaps they emerged because it is because this repetition configures the fiction of nation and identity.

Helguera's project proposal for San José concerned the repetition of practices that confirms a culture and that, in Costa Rica, has often been associated with consensus, peace, and well-being. For this reason, of all the SPU's possible dimensions I see the notion of performance as the most useful one. The SPU, with its debates and workshops, with its Hymn and Declaration, had an important performative component and was almost of a theatrical nature. It confirmed the performative side of the very ideas of nationhood and identity. Costa Rica does not exist outside of the rituals of consensus and *"pura vida."*

I would like to think of the San José iteration of the SPU as a momentary interruption of our "practices of paradise." For a brief period, that of a stutter after a routine question, someone spoke of unrest. I reread Helguera's travelogue and noticed his observation that artists in Costa Rica seek to create tensions, controversy, but that they don't seem to know why. I remember smiling and now notice the true impact and efficacy of *"pura vida,"* as if in reality there is no reason for disagreement. While Costa Rica does not have an army or a history of war, there is nevertheless an unease that justifies so many shifts and upheavals, including those in the arts.

Tamara Díaz Bringas
Curator and Editorial
    Coordinator, TEOR/éTica
(1999–2009)
San José, Costa Rica
March 2011

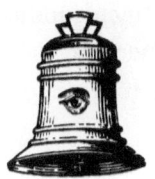

Toward South America

Panama City surprises you a bit, especially at first sight and after having traversed Central America slowly by car. The skyscrapers, casinos, malls, palm trees, twenty-four-hour supermarkets, and dollar stores (aka *narco-dólares*, which appear a little less suspicious than their North American counterparts) offer a Babylonia, a local Taipei that the region doesn't seem to endorse. The upside: all of that is seen rather briefly, especially by one on a cultural mission. There is the unavoidable canal, the vertebral column and the country's raison d'être. There is the old area of the canal, possibly the most interesting one in the country—a microstate, a tad utopic and tropical, for Marines of another country—but one that the collective national unconscious tries to forget in light of its sovereignty (achieved in 2000) over the canal. There is also the Casco Viejo, recently restored with more independent art spaces that bring together the local intelligentsia every once in a while. It was in an old mansion called the Casona de las Brujas that Pablo presented the credentials of the School of Panamerican Unrest to the Panama arts community.

And now the downside: even if Panama is a transit space, it is not easy to leave. The Pan-American Highway ends here and it is something many intrepid souls forget to consider. A trajectory of eighty-seven kilometers of mountainous forest, called El Tapón de Darién, separates us from Colombia. This represents a logistical contingency, meaning that one can only arrive in South America by boat or airplane. We had to accompany Pablo to Colón to ship his van, at the Caribbean side of the canal, within the Free Trade Zone and the most profitable business region of our country. This is where goods from China are imported and resold. After administrative paperwork (even when judged in Latin American terms, requiring a lot), Pablo made some adjustments in his Bolivarian agenda and took a plane to a Colombian harbor. Yet, isn't waiting the soul of traveling, and its different degrees the measure of our Latin American unrest?

Papus von Saenger
Independent Curator
Panama City, Panama
March 2011

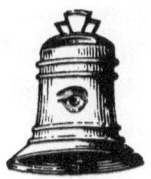

Pablo Helguera, The Quinta de Bolívar, and Unrest

The Quinta de Bolívar is nested on the flanks of the Bogotá mountains, which seem to scrape the stars (their peaks are three thousand meters above sea level). During the first decades of the nineteenth century the country house provided refuge for 423 days to an idealist hero on the run between glory and disappointment (this was Simón Bolívar).

More than 180 years later, Pablo Helguera bought a van in Alaska. He drove it through the American continent, making strategic stops in different countries and cities. At each stop, he unpacked, set up his yellow schoolhouse, hung a bell, and opened the tent.

It had taken Helguera about three months to arrive to Bogotá. It was August 2006, and he was only halfway through his trip, given that he wanted to make it to Patagonia. In Bogotá a few colleagues from the Universidad de los Andes coordinated the school. They considered the garden of Bolivar's *quinta*, which is close to the university, as the ideal place for the yellow school.

Helguera and his Pan-American school came to all places in which the yellow tent would be welcomed.

In Bogotá, he met a wandering and idealist Bolívar, whose place of rest and refuge was the country house protected by the Bogotá hills.

When Helguera arrived in Bogotá, he came face to face with unrest. His van suffered a sizable accident on the road to the city. This is when he got to know the innards of bureaucracy and the spirit of Magic Realism. He ended up bringing the van to the capital. When he thought he could finally recuperate and get some rest after the tiring and cumbersome trip, someone who looked like a bellboy offered to bring his backpack to his room. In it were the schoolhouse's blackboard as well as his computer, which held a diary and register of his previous stops, between Alaska and Bogotá. This bellboy disappeared with the backpack and turned out to be a common thief, a true incarnation of unrest.

Even under these circumstances, Helguera, somewhat disappointed but without losing his sense of humor, still received visitors and participants in the schoolhouse at the Quinta de Bolívar. And on that Saturday morning in August 2006, with a heavy Bogotá sky that seemed to scrape the stars, they spoke about maps, identities, art, memory, struggles, and the failures of individuals and nations. And next to a marble bust of Bolívar, Helguera put on his tie and ceremoniously unveiled a commemorative plaque where, on national holidays and accompanied by the tunes of a military marching band, ambassadors and heads of state would deposit their offerings to the *Libertador*. On that day, though, Helguera's voice and the tunes from the bell that had been transported in the van together with the schoolhouse resounded.

With this, Bolívar, caught in marble and stone, accepted that he could no longer be more than human. Helguera, on the contrary, took down the tent and bell, stored them in his van, and continued his journey. Unrest had been converted into a cloud of light, drizzly rain that slowly evaporated in the sky while the van disappeared into the distance and went behind the soft horizon of the Bogotá mountains.

Daniel Castro Benítez
Director, Casa Museo
Quinta de Bolívar
Bogotá, Colombia
March 2011

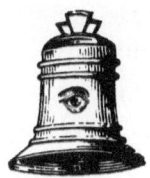

The SPU in Caracas

The School of Panamerican Unrest came to the capital of Venezuela with the intention, as articulated by its author, Pablo Helguera, "to produce links between different regions in America, motivating the local arts community through discussions, performances, workshops, and screenings of videos." It aimed to jolt the continental Pan-American consciousness, inviting people to rethink their points of view.

In August 2006, after about thirty stops, Helguera finally arrived in Caracas to present the SPU. We had initially agreed with him that Venezuela was a special case, given that populism here supports a supposedly ideological revolution. Thanks to Hugo Chávez, the Bolivarian dream has been promoted there very explicitly, unequaled in any other country. We wanted the SPU to create a debate in the local arts community analyzing the cultural impact of this political agenda. We started with a question proposed by Helguera: "What has been the effect of the actual political situation in Venezuela on artistic production?"

Prior to the SPU's arrival, we discussed the possibilities for this debate, because it seemed to me a very difficult task to talk about how art has been affected politically, despite the fact that many artists do feel the condition of production. Nevertheless, given that the country has been concerned with understanding the reasons behind its social fractures, the most notable changes under Chávez have been on the level of the production of ideas (artistic and nonartistic). The political scene has mostly focused on propaganda, and this has extended also to the cultural realm.

Starting in 2001, when the cultural revolution was announced in

Venezuela, directors were replaced and a new, completely centralized cultural order was established. Among the alternatives to this system are, on the one hand, resistance from within (by those who look to rescue the current convalescent cultural state apparatus) and, on the other, the application of survival strategies from without.

Instead of emphasizing the question Helguera proposed (about what artists do as a reaction to the political context), we suggested that the discussion focus on the transformation of the cultural institution, as promoted by *Chavista* populism.

These preparatory discussions with Helguera only worked as a guessing formula. Obviously, if we take into account his main proposal—"to revise in a critical manner the viability and implications of the Bolivarian dream in the post-global era of the Internet"—then the SPU in Venezuela was a true success. In the context of steamy Latin Americanist government rhetoric, the SPU's Pan-Americanism efficiently demonstrated that such a union of continental or subcontinental reach faces enormous obstacles; this was particularly visible in the diametrically opposed reactions of the members of the small social spectrum of the local arts scene.

One could say that the SPU in Caracas was received in two ways. On the one hand, a group of emerging artists, inspired by collective work, produced the Panamerican Address of Caracas, "probably the most unanimous and heartfelt one drafted in the entirety of this project," Helguera has written. For the debate about populism in Venezuela, which happened the day before drafting the Address, we invited Juan José Olivarría, an artist who has worked with national symbols, writer Alejandro Rebolledo, journalist and writer Boris Muñoz, and art critic Gerardo Zavarce. I was the moderator. Instead of revising *Chavista* populism, the panel members harshly criticized the SPU, evaluating its political activism without considering the fact that the project was authored by an artist. It became clear that Helguera's initial idea for a discussion topic, the ways in which cultural producers deal with the political context in their work, pointed to a deeply-rooted problem.

We still wanted to discuss whether an art like Helguera's reproduces colonial mechanisms or whether it critiques them, whether it was possible to speak about Pan-Americanism in a postglobal era, whether the theme of identity was too much destabilized by stereotypes, whether it was possible to separate oneself from the logic of the market, if art is universal or not, whether politics had deprived us of a space for debate . . . but all of these will have to be discussed another time.

Jesus Fuenmayor
Director, Periférico Caracas/
Arte Contemporáneo
Caracas, Venezuela
March 2011

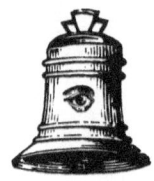

Py'a: The School of Panamerican Unrest in Guaraní Territory

The School of Panamerican Unrest was a feat that few could imagine supporting, let alone undertaking. Possibly the only one who could have realized such an enterprise is Pablo Helguera. The SPU is one of those proposals that one gets enthusiastically involved with not out of belief in its success, but rather because it has the force of a utopian ideal. The school's complex itinerary fervently announced its integrative aspirations and underlined a profoundly reflexive content that had little or nothing to do with the anecdotal.

In the postmodern present, creative disturbance is enriching. The SPU imagined new forms of understanding of Bolivarian dreams and pushed for, while sharing and exchanging similarities and differences and "supreme" and "marginal" discourses, an alternative America.

Remembering. . . Convincing friends, artists, authorities, and institutions of the realness of this project wasn't easy. I have to confess that, while following the SPU's and Helguera's jumps, falls, and advances via the project's blog, I needed an extra dose of optimism and of trust in this artist and colleague, whom I had met at the Havana Biennial. The day came to begin the SPU in Asunción, and even though Helguera hadn't arrived yet, the spirit of his project had spread among those who formed the project in Paraguay. In this spirit, the SPU event started with a conference titled Py'a—The SPU in Guaraní Territory. Margarita Morselli, director of the Centro Cultural de la República El Cabildo, welcomed us, and I, as coordinator of the SPU in Paraguay, presented the overall project, its theoretical context, and its aspirations and challenges. Up next, philosopher and critic

Ticio Escobar, then minister of culture of Paraguay, examined the relation between language and identity. Anthropologist and linguist Bartomeu Meliá considered bilingualism and *mestizaje*, and historian Carlos Sosa referred to the heterogeneity of the American being and to the necessity of understanding Pan-Americanism from this viewpoint. The closing debate included the voices of artists, curators, directors of cultural institutions, art students from the Instituto Superior de Arte, and several members of the Asociación Gente de Arte. The event proved how closely connected Paraguayan identity and Guaraní language are.

Two days later, Helguera arrived. He had no school, van, or computer, but had decided to continue the experience to completion. After showering and eating a tasty *chipaguazú (*a Paraguayan corn-based dish, with fresh cheese and onion), he faced what had happened and decided to find a way to construct (literally) a new small school, without time or resources. And so he built a school in the Plaza del Congreso. The kids of the *chacaritas* (informal dwellings by the riverbank) were extremely curious, and they appropriated the space day after day. We, the formal participants of the school, were the "others," and the children became the owners of the school.

A writing and performance workshop also took place while the SPU was in town. Here Helguera, with a clear sense of perception and a neat critical sense, brought forth the essential aspects of the contributions and presented the theme of the debate. The workshop ended with the drafting of the Panamerican Address of Asunción, which was read in an official ceremony.

This was done from the balcony of the Centro Cultural el Cabildo, overlooking the Plaza del Congreso with the school and the participants, as well as the children—all of whom listened attentively to the moving speeches and the Panamerican Anthem. It gave us goose bumps. And this is how the ephemeral project will remain in our collective memory, in our memory of Pan-America. In light of this, I mentioned to Helguera that Guaraní has two words for "we;" in the case of the SPU, a third "we," Pan-American, suited us best.

> Adriana González Brun
> Paraguay (Py'a) Coordinator
> of the School of
> Panamerican Unrest
> Asunción, Paraguay
> March 2011

I would like to thank all those who enabled the SPU in Asunción, disinterestedly and in a collaborative spirit: Margarita Morselli, Ticio Escobar, Bartomeu Meliá, Carlos Sosa, Mónica González, Gustavo Benítez, the Instituto Superior de Arte, the Asociación Gente de Arte, and all the artists, friends, and institutions that were present and shared with us the illusion of an integrated America. I fondly remember Olga Blinder (who passed away recently) and Herman Guggiari, who have both demonstrated on several occasions how utopia becomes reality.

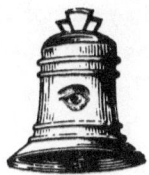

The Forking Paths of Panamerica

I became involved with the School of Panamerican Unrest while doing research in Buenos Aires and Santiago on militant art and performance. I made the work of organizing the SPU events in these cities a research project in its own right. This had as much to do with the nature of the SPU as it did with my own disposition, as any mention of the project never failed to provoke or open up further conversations—whether this was prompted by the invocation of Pan-Americanism, the transnational/translocal imagination it proposed, or questions as to the very possibility of a shared space for dialogue across the embattled geopolitical terrain that stretched from the post-dictatorial South to what was broadly understood as the imperial hegemon in the North. I want to own up to my own researcher's view of the project, because the strongest impressions I took away from it are not necessarily its most representative or most poetic. (The latter would have to be the performance by Gonzalo Rabanal and Samuel Ibarra that closed the session in Santiago). The memories of the SPU that remain the most vivid have more to do with questions that still persist for me nearly five years later. I offer three of these memories here:

1. At the SPU's public presentation in Buenos Aires, Eduardo Molinari took off from the school's name to raise pointed questions about the neoliberalization of public institutions for arts education in Buenos Aires and the exploitative labor practices that had become normalized within them. Victoria Marquez, a student at the University of Buenos Aires and assistant organizer of the event, underscored the urgency of the topic. An older artist in the audience

stridently rejected this as a topic of conversation, saying it wasn't fitting for the forum provided by the SPU and it wasn't a productive use of time. The conversation continued in this way for the rest of the conference—vacillating between actual debate and what Pablo referred to as "meta-debate," that is, a discussion about what should (and shouldn't) be discussed. While everyone seemed to agree that the SPU—as a performance event—should frame some kind of collective conversation, this in itself couldn't facilitate a dialogue in the absence of a shared sense of what was important enough to discuss. Paradoxically, within a performance that was participatory and dialogue driven by definition, unspoken codes of propriety for an art event (or, perhaps, for an *international* art event, as the discussion of education was condemned by some as being too "local") were still called upon to act as a regulatory device and means of censure.

2. Several months before the SPU event in Buenos Aires, a group of us involved with the project met to begin a conversation that would continue over the winter as Helguera and the school made their way south. Several people talked about their desire to have control of art spaces instead of continuing to fight with each other for the same meager lot of grants. Silvio, a member of a shipyard cooperative, responded by talking about how the cooperative's members organized themselves independently of the trade union. They didn't have a space, he said; they only had their own skills. Perhaps, someone else suggested, what artists had to defend was the right to use their skills. "Why do you guys want to organize," Silvio asked, "if each of you is working for himself?"

3. An extract from the presentation by Eduardo Molinari/Archivo Caminante at the SPU:

> If a lack of calmness and well-being is a result of living in conditions of precarity and injustice, unrest dissolves social ties and generates various forms of violence. . . . If unrest and divergence are, on the other hand, experienced as energies to avoid hegemonic thought [*pensamiento único*], they become a tool to manufacture noncapitalist space and time. A place and

time built in common, not a space of "the common," not an archaeology, not a simulacrum of participation.

> Jennifer Flores Sternad
> South America Coordinator
> of the School of
> Panamerican Unrest
> Independent researcher and
> art historian
> San Diego, USA
> April 2011

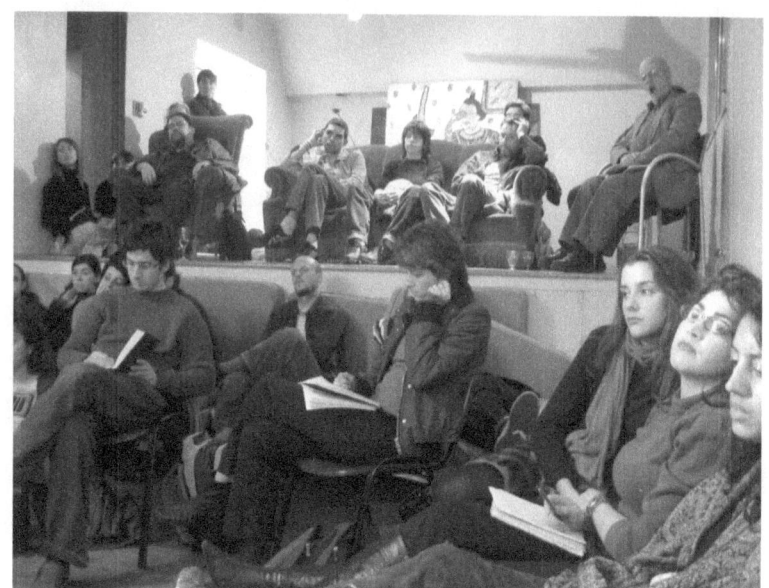
Participants at the School of Panamerican Unrest in Buenos Aires, Argentina./
Participantes en la Escuela Panamericana del Desasosiego en Buenos Aires, Argentina.

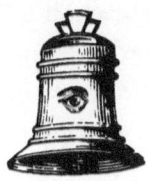

Revolution/Institution, Public Art, and Answerability: The Transnational Dialogic Encounters of The School of Panamerican Unrest

Pablo Helguera's practice first caught my attention in early 2006. In March of that year he visited Pennsylvania State University, where I was a graduate student, and discussed an extensive upcoming public art project involving an intercontinental road trip along the length of the Pan-American Highway. The idea of being an eyewitness to and chronicler of an endurance performance piece was an exciting prospect. I made arrangements to accompany him to six different locations: New York City; San Francisco; Tempe, Arizona; Tegucigalpa, Honduras; Buenos Aires; and Santiago de Chile. Upon my return it became clear that the focus of my dissertation would be the dialogues among the SPU participants and the topics that surfaced in these encounters—in particular, revolution, institution, and public art. Here I analyze these multifarious exchanges in relation to Mikhail Bakhtin's theory of *dialogism* and, in particular, to the construct of *answerability*. Though I present them through an analytical lens, I hope to allow for a vicarious experience of the events.

Problems of Dostoevsky's Poetics (1929/1984) and "Discourse in the Novel" in *The Dialogic Imagination* (1935/1981) contain the richest and most sustained statement of Bakhtin's philosophy of language. Bakhtin's theory of the utterance, which is the keystone of his philosophy of language or dialogism, advances the notion that dialogue is a relational, participatory, and a responsible act. Insofar as it is a communicative event—that is, a unit of dialogue, speech acts, words, artistic text, or verbal or nonverbal communication—the utterance is a joint discourse. Answerability is a very helpful term when considering Helguera's authorial position and speech and the modes of response they elicited—mostly interpersonal and hardly ever indifferent. Answerability or responsible understanding entails that participants in dialogue take utterance into their own conceptual frame of reference and generate different or new meaning by contextualizing it with past and present discourses, evaluating it, interrupting it, disrupting it, or reaccenting it. In this, Bakhtin's theories of dialogue or dialogism share a common boundary with ethics or the ethical dimension of language, insofar as in dialogue there is a responsibility toward the other's words. In *Art and Answerability: Early Philosophical Essays* (1919–24) and *Toward a Philosophy of the Act* (1919–21), Bakhtin calls this type of reciprocity *addressivity* and *answerability* (*otvetstvennost*). The latter term is often also translated as *responsibility* and *responsive understanding**.

Reciprocity (answerability) was central to the concerns of the SPU, and the construction of what I theorize as dialogic encounters, whereby the meaning of the artwork unfolds through a participatory and reciprocal relationship between the artwork and the viewer/participant. Helguera's project calls for a dialogic relationship of exchange. Yet, however necessary the relationships between a work and a viewer are to the project of constructing meaning, dialogism does not posit a conciliatory, equal, or utopian model of exchange that ignores the uneven structure of power in language. Instead, it refers to provocations that simultaneously invite and resist—participate in, talk back to, and resignify various points of view, arguments, and counterarguments. These are the processes and products significant to a dialogic approach to art.

---

* M. Holquist, *Dialogism: Bakhtin and his World*, 2nd ed. (London: Routlege, 2002).

Revolution/Institution

If art were *truly revolutionary*, we would surely know this by now.
—Stephen Wright, 2006

Reflecting on his artistic development at the inauguration of the SPU in New York, Helguera stated that he "had been influenced by Mexico's political institutions as much as by contemporary art."* Growing up in the contextual framework of the Partido Revolucionario Institucional (PRI), which paradoxically claims to be both revolutionary and institutional, compelled Helguera to pay close attention to the relationship between politics and art. He realized that the common assumption in the art world is that one becomes revolutionary when one attacks an institution. Contrary to this stance, he proposes that one becomes revolutionary upon learning how to be institutional. Helguera's position raises a series of questions: How are we to understand revolution? What is an institution? What kinds of institutions participate in, or even effect, revolution?

In response to Helguera's assertions regarding the institution and revolution, Stephen Wright, a Paris-based art theorist and a panelist at the SPU event in New York, exclaimed that the art world often flies the flag of revolution, yet, "if art were truly revolutionary, we would surely know this by now." Wright sees danger in framing art or artistic practices around the notion of revolution. To imagine being a revolutionary in conditions that are not revolutionary seems to me, and to many others, to tread dangerously on political rhetoric. Helguera, as artist, and Wright, as art critic, are both interested in socially progressive transformation. Their interpretations of revolution and institution, or what it means to carry out a process of transformation in contemporary art practice, differ drastically.

---

* Unless otherwise specified, statements attributed to Azul Blaseotto, Pablo Helguera, Alicia Herrero, and Stephen Wright were made at the SPU event in New York, on May 5, 2006, or the SPU event in Buenos Aires, on September 9, 2006.

One can approach the idea of revolution or transformation from a micro or a macro perspective. A macro understanding of revolution advocates for transformation through complete rupture with dominant power, whereas a micro view supports gradual transitions and everyday change. Judging from Wright's comments, he feels that anything short of a radical break with hegemonic power is insufficient to effect progressive social change. In Wright's view, art has no use value and art-making no potential as a revolutionary practice, especially as long as it remains within the structures of the art world. Helguera, though, maintains that art can affect social transformation from within the institution. Embodying and internalizing the institution can, according to Helguera, create transgressive openings that allow for positive, gradual, and everyday social change.

Wright argues that if artists are serious about transformation, current artistic practices must undergo radical change—in particular because self-reflexive or "consciousness raising" artworks, of the type usually on display at museums, fail to "do much damage to the dominant order." Wright finds the combination of art/revolution/institution untenable. Helguera, on the other hand, is interested in the micro politics of everyday events and the ability of such expressions to negotiate how meaning is continuously created and re-created, through the gaps and fissures framing the social worlds in which competing ideological utterances occur. It is these everyday intersections between art and politics that are foreclosed by the idea of complete rupture with hegemonic power. Although a macro revolution is an important goal for social transformation, its actual occurrence is not probable. The notion of a micro revolution allows one to perceive the relationship between art and politics in a new and possibly more productive light, particularly because as a social institution the art field is the quintessential space of paradoxical and ambivalent encounters, where micro transformation and strategic, gradual change through artistic praxis can take place (in the work of the art groups subRosa, Yes Men, and Yomango, for instance). The complex relationship between art and institution(s) played a determining role in the divergent approaches (micro and macro perspectives of revolution) Helguera and Wright use to theorize moments of resistance and rupture in artistic practices.

Ultimately, Helguera's argument regarding the paradoxical nature of institutions and revolution—that is, "creating [micro] revolutions" by "learning how to be institutional"—is a double-voiced movement that can be used productively to change the question at hand.* Rather than dwell on the possibility or impossibility of the artist as revolutionary or antirevolutionary subject, or focus on whether it is socially progressive for art or the artist to operate inside or outside the art institution, the question can be rephrased to one of simultaneity and intersection, particularly in light of the fact that rather than propose a dialectical either/or, Helguera insists on a dialogic also/and that is simultaneously institutional *and* revolutionary, individual *and* relational/social.

Public Art

La práctica de Helguera no implica involucrar a los espectadores, pero a un actor, a una persona que haga con—(con) texto—hacer con el otro.†
—Azul Blaseotto, 2006

In defining the SPU as public art project Helguera orients his utterances toward a particular listener and specific conceptual horizon—the art field(s). He thus hails the art world's sympathies, antipathies, experience, and knowledge in relation to public art. The question as to what constitutes public art and its publics reoccurred in different manifestations throughout the SPU events and led to various interpretations and judgments regarding the efficacy or inefficacy of the SPU as a public art project. In Buenos Aires, Azul Blaseotto, a visual

---

* For Mikhail Bakhtin, words are double-voiced; they serve the intentions of two speakers. A simple sentence, even a single word, has the potential to signify in different ways because words belong simultaneously to multiple contexts, languages, and belief systems, or *conceptual horizons*. Bakhtin makes a critical distinction between dialectics and dialogism. Hegelian dialectics (thesis, antithesis, synthesis) are rooted in binary oppositions. It is an either/or proposition; i.e., you either affirm or repudiate a given position or ideology until synthesis is reached. Quite the opposite, dialogism is a process of simultaneity or also/and, of repeatedly generating difference, See Bakhtin, *Problems of Dostoevsky's Poetics*. Minneapolis, MN: University of Minnesota Press, 1984, and Holquist, *Dialogism: Bakhtin and his world*.
† Helguera's practice does not involve engaging the spectator, but to an actor, a person who would make (con)text—make with the other.

artist and a panelist at the event, asserted that the SPU was clearly not public art, despite its self-denomination as such. In the context of Buenos Aires, she argued, public art was characteristically top-down, bureaucratic, state supported, and state promoted. The SPU, in contrast, involved audience members in ways that were nonhierarchical. For Blaseotto, the SPU was more aligned with community-based art than with public art. In fact, she proposed that Helguera's practice "did not involve a spectator but an actor, a person with whom to cocreate (con)text." This weaving together and making with another—from the Latin *con* (with) and *textere* (to weave)—is at the core of the SPU. In such a practice or dialogic encounter, the artist and participant cocreate meaning. I do not refer here to an uncritical type of coauthoring but to contrapuntal reauthoring.

At the same event, another audience member stressed that the SPU was not presented in the public sphere in Buenos Aires. Given that the project had not established or generated venues for the nonart public, she concluded that the SPU had failed. Helguera retorted with a question: "Your definition of the public is people not directly involved with art?" In artistic practices that are socially engaged, such as Helguera's SPU, the public matters. Artists' interventions in public spaces and their active development of sociopolitical relationships with the public are important practices that can be used to question, confront, and subvert hegemonic discourses. It is problematic to suggest, as the participant did, that there is a static type of public art or a unified public art audience. What constitutes public art and its publics is one of the most contested issues in recent debates about art—contestations that were also prevalent at SPU events.

It is clear that Helguera did not seek a facile type of participant coauthoring. The SPU was a space of consensus and dissent. It did not express and promulgate knowledge from above, and nor did it offer itself as an authority. Instead, the knowledge constructed by the SPU arose from interdependent processes—between the initiating artist and the cocreators (the public/participants present at the events). Dialogism resides precisely in the interpretation and exchanges of the SPU's utterances, which involve speakers and listeners in the specific sociocultural contexts of a time and place. Through such encounters, the participants considered the purpose of the SPU within their own conceptual frames of reference and contextualized it in regard to past and present discourses about public art; for example, community-based art, public art, or art that "fails" to summon a non-art public. Each utterance remaps the SPU, evaluates it, and disrupts it to resignify or generate different or new meanings about public art and the discourses associated with it.

Answerability

[Helguera] pensó en Buenos Aires y como percibió que hay un gran deleite por la palabra, por la oralidad, es decir, por el lenguaje hablado, tituló el evento de la EPD en Buenos Aires: Un Debate Sobre el Debate.*
—Alicia Herrero, 2006

The SPU dialogues were context and situation specific and varied considerably across social and cultural space and time. At each location, various topics of discussion were chosen in collaboration with SPU organizers and interested participants. The topic selected by Helguera and his collaborators for the event in Buenos Aires, as proposed on the SPU's website, was the intersection between collective and individual artistic practices and political activism. Prior to the SPU presentation in Buenos Aires, Helguera met with a group of artists, participants, and organizers in that city. The discussion at the meeting turned into a contentious debate about why certain perspectives would be debated at the SPU event. Helguera described the encounter in his blog post as *"un debate sobre un debate*—a debate about a debate." His description was prophetic. The discussion at the SPU event in Buenos Aires was less about the topic that had been selected and more about the nature of debating itself—in particular, about the discursive practices of the SPU and Helguera's authorial speech in relationship to public art and its publics.

Alicia Herrero, a visual artist, cocurator and coeditor of *Magazine in Situ*, and panelist at the Buenos Aires SPU, asked: "What is under

---

* "[Helguera] thought about Buenos Aires and since he perceived that there was a great pleasure in the word, in orality, that is, in the spoken language, he titled the SPU event in Buenos Aires 'A Debate about the Debate'."

debate? Are we debating the project or is it the encounter that is being debated?"* In response, Helguera noted:

> Alicia asks what it is we are debating. What is debated in these circumstances, if it is the debate about the debate? This project proposes a paradox, to be a work that consists of this self-referentiality, of debating the work itself. Of course, it is not the first work that does this and will not be the last. I believe that it is a very important part of this project, that within this choir of voices that are constantly fighting, the aim is to a small degree that this self-criticism and the very critique of the work ends up constituting the center of the work. If someone attacks the work, well, it is part of the work also, and it is not a desire to avoid criticism.†

Herrero immediately asked: "Thus, what is important for you is to have a dialogue about the work itself?"‡ Herrero's argument, opening with a single question directed at Helguera, can be summed up as follows: If the debates and dialogues of the SPU centered on the work itself—a work Herrero noted had been in Buenos Aires for only a very brief time—then the work did not operate within a dialogic dimension. According to Herrero, if Helguera had instead used the SPU dialogues performatively, if he had familiarized himself with local issues, and if he had engaged with the people in that space and time, then he would have created the conditions for a dialogic operation or encounter. Otherwise, she reiterated, "What is under

---

* *Magazine in Situ*, at http://www.magazineinsitu.com, is a Web magazine of contemporary artistic practice in Buenos Aires.
† "Alicia pregunta qué es lo que debatimos? ¿Qué se debate en estas circunstancias, si esto es el debate sobre el debate? Este proyecto plantea una paradoja, al ser una obra que realmente consiste en esta auto-referencialidad, de debatir la obra misma. Claro, no es la primera obra que hace esto ni será la ultima. Creo que es una parte muy importante de este proyecto, que dentro de este coro de voces que están constantemente peleándose, el objetivo es un poco que esta autocrítica y la crítica misma de la obra termina por constituir el centro de la obra. Si alguien ataca la obra, bueno, es parte de la obra también, y no es tampoco un deseo de evadir las críticas."
‡ "¿Entonces, para vos es importante que se debata, que haya [exista] un diálogo en lo que es tu trabajo en si mismo?"

debate? Is the SPU project debated, or is the encounter debated?"* Helguera observed:

> I believe that there are many things to debate. The aim is not to debate the school but the ideas that are connected with the project, as Azul [Blaseotto] and Eduardo [Molinari] are doing. I believe that we can also speak about this; for example, the topic of public art seems to me to be important. I see this project as public art, because it is presented in the public sphere. That it has a private dimension, well, I do not identify this as a private thing, because we are not closing the doors to people [the public], then I would say it is relative.†

Herrero critiqued the SPU for being overly self-reflexive. Her observations are significant because, essentially, she posited that the discourses of the SPU should acquire meaning through the difference of other signs—in particular the dialogue-interactions at the SPU in Buenos Aires—and in relation to the larger discourses of contemporary art in the Buenos Aires context. This would require that the SPU's dialogue-interactions move beyond self-reference and self-critique (beyond *the debate about the debate*). In essence, Herrero asked Helguera to answer. Answering is a performative form of inquiry, a reciprocal action. It is a way of being cognizant of one's own position, a way to create one's views, and a means to orient one's actions in relation to another individual.

In the end, however, Helguera's SPU performed more than its own self-reflexivity and history. By acknowledging the paradoxical characteristics of the project—that is, its self-reflexive but also relational potentiality—Helguera oriented the critique of the work toward its accumulated contextual and social meaning, which is a way

---

* "¿Qué se debate? ¿Se debate el proyecto de la EPD, o se debate el encuentro?"
† "Creo que hay muchas cosas para debatir. El objetivo no es debatir la escuela, pero las ideas que están conectadas con el proyecto, como lo están haciendo Azul [Blaseotto] y Eduardo [Molinari]. Creo que también podemos hablar sobre esto; por ejemplo, el tema del arte público me parece ser importante. Yo veo este proyecto como arte público, ya que se presenta en el ámbito público. El que tenga dimensiones privadas, bueno, yo tampoco identificaría esto como una cosa privada, no, porque no estamos cerrándole la puerta a la gente [al público], no, entonces yo diría que es relativo."

to decenter its own authority rather than center its own legitimacy. In fact, Helguera did not attempt to control or impose a particular direction at SPU events or privilege the discourses of the artwork when participants focused on the project itself. It is this open-endedness that created opportunities for a multiplicity of voices to enter into dialogic relations. Dialogic relations include critical dialogue. Furthermore, at SPU events, as noted by Helguera, he shared with participants "both positive and negative comments of the project." In so doing, he actively and personally tested his own aesthetic and political commitments—commitments examined and evaluated by his interlocutors.

From a Bakhtinian perspective, an author that attempts to exclusively activate the artworks' internal logic—its self-reflexivity—is monologic. A work of art that is structured dialogically, in contrast, exceeds the limits of a single voice and a single will. It involves processes in which individuals interact in dialogic tension. Participants at the SPU events spoke in dialogic tension with the author/artist. Their voices were rebellious, independent, and unmerged in consensus and dissent. The SPU's dialogue-interactions demonstrate that contrary to artists that create self-referential and autonomous art, Helguera is an artist who thinks dialogically. He did not expect passive understanding or uncritical consumption from the participants. As noted, Helguera did not attempt to detach or protect his work from the discursive force that the SPU participants exerted. Predominantly interested in responsible understanding or answerability, Helguera's SPU created the potential for dialogic, agonistic, artistic reworking(s) of the discourses of art it embodied and of its intended meanings. Helguera was less self-referential and more a participant in the generation and articulation of new ideology-shaping text. At most SPU events, participants' dialogues and the topics that surfaced from them became collaborative texts—manifestos grounded in the contextual specificity of each location.

The juxtapositions of diverse and differentiated points of view, expressed by participants at the SPU encounters aimed to unsettle authoritative assumptions and discourses. In New York, the SPU participants' dialogues centered on whether it was possible to carry out a process of social transformation through art while the artists remain within the institutional framework of the art world(s). In Buenos Aires, the complex relationship between public art practices and the public that these projects call upon, as well as the problem of self-referential and autonomous art, was interrogated and contested. I argue that the words of Stephen Wright, Azul Blaseotto, and Alicia Herrero at the SPU events support the notion of dialogism and answerability, although with differing emphases. In conclusion, Helguera's SPU not only pointed to its own nature as artwork but also to reciprocity, to a series of concerns about art's social commitment to answer another. The SPU dialogue-interactions supported a dialogic approach to communication; they created spaces for open-endedness, difference of opinions, ambiguity, and critical reflection and the possibility for participants to develop their own voices in relation to social others across difference.

> Adetty Pérez Miles
> Doctor of Arts
> Education and
> Women's Studies
> University Park , USA
> April 2011

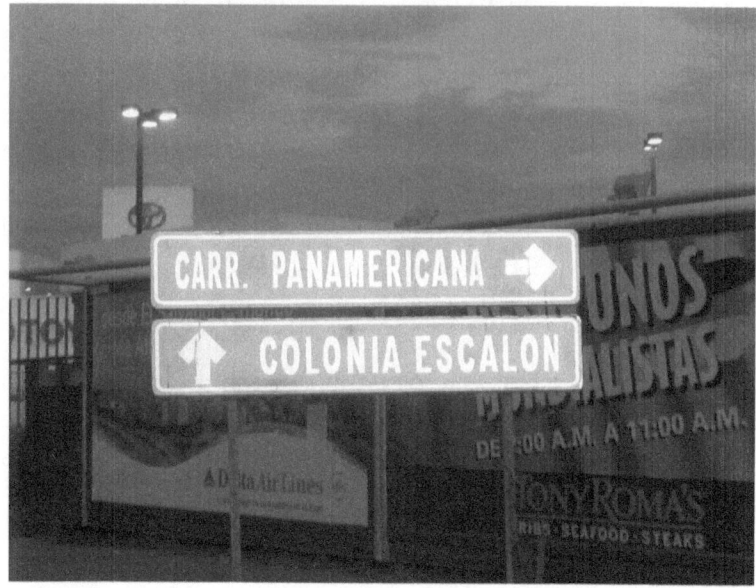

Carretera Panamericana sign, El Salvador
Carretera Panamericana, El Salvador

II.

ON PAN-AMERICA

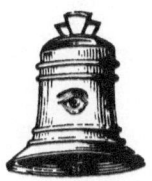

Vive the Utopian Highway!

For those who first imagined its possibilities, the image of a Pan-American Highway—a continuous roadway winding the full 16,000 miles from Alaska to the southern-most point of Patagonia—was a powerful metaphor of intercontinental connectivity. But the highway remains more an abstraction than an actual route, as the contemporary-art curator Juan Gaitán has argued in a series of talks in Vancouver: while the accelerating pace of globalization over the last several decades has enabled an unprecedented movement of people and cultural practices across Canada, the United States, and the countries of Latin America, there has been little *intellectual* exchange across this same geography. That is why the passage through Vancouver by Pablo Helguera in his School of Panamerican Unrest—a van/school/discussion apparatus—was important in 2006. It triggered an invaluable discussion in a lively but apprehensive Vancouver artistic community. These were pre-Olympic Games days, when government funding for the arts in Vancouver was, as always, the first to go when the was in need of money while in search of international visibility.

This swift and thinking Pan-American motorcade was certainly received as a breath of fresh air when it arrived in Vancouver, but in those difficult days it also had strange effects. First the Pan-American journey was seen as a liberating and thrilling event, as young culturally oriented people saw at last the proverbial "solitude" of Canada being broken or rather pierced by a new intellectual and international stream. This new manner of connecting original, specific but also similarly oriented art groups resonated strongly with Vancouver artists already very skeptical about the role of "high art" in a cynical postmodern art world. The fast-moving intellectual and artistic car, slashing through the continent from Alaska to Argentina, was like a lifeline. People immediately realized that a strong, even if mostly virtual, cultural connection would be established among invested groups all through the continent. From Vancouver, one could imagine and follow through the internet the progression of these cultural drifters, who went to several different cities, not always centers, in order to pinpoint the crucial importance of everyday practice, of independent activity in areas not often recognized by the still-powerful centers despite the dream of globalization. This idea of an intellectual artistic bloodline was essential, but it still managed to trigger an opposite reaction, a self-preservative notion of community, of defensive maintenance of established bohemian tradition. The Vancouver discussion at times sounded too local, too protective, too self-centered, showing the important need for such meetings and such utopian transcontinental experimentation. The Pan-American trip had, in fact, a goal opposite from a concentration on the local. Helguera's project was calling for a concept crucial to a new, developing world: the articulation of independent networks, the importance of connections with different venues and traditions. The experiment emphasized the importance of international networks of artists rejecting or suspicious of traditional ways of working in the art world, and in that respect it was an important way to break many solitudes. Helguera made people conscious of their own solitudes and by the same token managed to destroy them through thinking of what could be: an alliance of western mavericks. The "periphery" in a technologically savvy age could finally have its voices heard through the old-fashioned means of the road trip; it could even drive a fresh and uncompromised world cultural discourse; it could be, in its diversity, paradoxically dominant.

That "breaking the solitude" was also the purpose of a two-day conference that Bill Wood, Kimberley Phillips, and I organized a year later at the University of British Columbia, called Solitudes and Globalization: Art and Culture Across the Americas from Post-World War II to the Present, reasserting the cultural outline of the Americas as a subject of inquiry and a space of intellectual dialogue and debate. The points that make up this constellation, however, remain largely isolated from one another. The gravitational pull of discourse tends towards the United States. It is rare, especially given the expense of travel, that a space for critical discussion about the visual sphere involving both northern and southern scholars opens up. The situation calls for a more powerful form of exchange: a sustained discussion of ideas, questioning assumptions and producing knowledge across the Americas.

Our purpose in the conference was to reflect upon our current political and cultural moment in the wake of globalization, particularly in light of accelerated migrations of populations, the crisis of the nation state, and the new phenomenon of the megalopolis. In mapping the contemporary terrain of artistic and cultural production and diffusion across the Americas, particularly in light of the recent surge in museum expansion, periodical publication, biennales, and film and television production, we focused not only on the diverse voices producing such discourses but also on the powers affecting their regulation and dissemination. We questioned how cultural producers and intellectuals react to the increased flows of people, labor, and capital and how they represent and address these issues through their visual and cultural practices. That was precisely what the SPU experiment provided and what we at UBC followed in discussions and presentations. Helguera's documentation of his travel experience was presented and discussed. Our world has never been the same since.

      Serge Guilbaut
      Professor of Fine Arts,
        University of British Columbia
      Vancouver, Canada
      April 2011

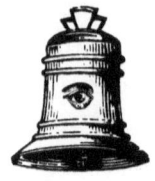

Pan-American Highway

Cuando despertó, el Tapón de Darién todavía estaba allí.*

Gabriela Rangel
Director of Visual Arts,
Americas Society
New York, USA
March 2011

---

* "When he woke up, the *Tapón of Darién* was still there." Paraphrase and adaptation of Augusto Monterroso's "El Dinosaurio," *Obras completas y otros cuentos* (Mexico City: Imprenta Universitaria, 1960).

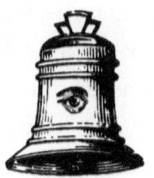

The Very Idea of Pan-Americanism

The notion of Pan-Americanism recalls to me the image of the wolf in sheep's clothing. A quick historical overview reminds us that the Pan-American Union was founded in 1890 in Washington, DC, "for the development of good understanding, friendly intercourse, commerce and peace."* It was headed by a board comprising the United States Secretary of State and the diplomatic attachés of each of the twenty-one countries of the South (not including Canada or the USA; the latter held the function of referee).

In 1823, the USA had clearly outlined its foreign policy. It was the first country to recognize the autonomy of the independent Latin American countries. President Monroe, moreover, declared in a historical speech that "America belongs to the Americans," a policy that came to be known as the Monroe Doctrine. The young nation made clear its distance from Europe and named itself center of the interests of the "new" continent. After this, just to give a few practical examples of the application of the doctrine, came the annexations of Alaska and Texas and the assumption of control over the Panama Canal.

In 1940, on the occasion of the fiftieth anniversary of the Pan-American Union, the political panorama once again turned to the rhetoric of the Monroe Doctrine. Fascism's expansion in Europe and its inherent animosity toward democracy had to be fought, especially should Fascists invade American soil. This was a reason to strengthen ties with friends from the past and to reinforce US hegemony in the territory at large. Around that time, President Roosevelt made

---

* This text was part of the official Pan-American Union letterhead.

amendments to the Monroe Doctrine, giving to the USA the right to intervene in any American country if US interests were threatened.

Pan-Americanism has been a political instrument accompanied by a series of pseudodiplomatic and pseudomilitary and pseudocultural protocols that generate prototypes of fatherlands empty of willpower and covered up by grandiloquent though empty rhetoric. The mission of the Pan-American Union has been to award medals to countries that behave well, so orchestrating a large concert of nations under the banner of "the American Way of Life."

Until the beginning of the twentieth century, for the USA the southern border was the beginning of an unknown continent lacking civilization, populated by indigenous people and inheritor of corruption and state and Church excesses. Nevertheless, during World War II, and especially during the Cold War, the hegemonic country seemed to recognize its Hispano-American comrades, with their emergent modernization. The USA therefore considered diplomacy the easiest vehicle by which to increase its cultural and economic empire, without the necessity of taking armed action.

In order to advance a strategy of ideological domination, it was necessary to develop a common discourse that would publicize good will and friendship among neighbors. The Pan-American Union brought together the twenty-one states of Latin America in praise of the USA's gifts and goods. This new continent, in turn, a panoply of natural goodness and cultural diversity, always aimed to please the Pan-American ambitions of the North by gesturing in an exaggerated manner to its own exoticism. For the 1939 World's Fair in New York, Venezuela sent fresh orchids on a daily basis, and Cuba received visitors with voluptuous bare-chested *mulatas* dancing to tropical rhythms. The dictator of Nicaragua, Anastasio Somoza, was a great fan of World's Fairs and attended them in San Francisco and New York.

Fifty years after the founding of Pan-Americanism, another important mission joined it; the cult of the car and highways functioned as a way to access modernity, a mission of every "*sudaca*" (Latin American) leader. Unified by highways, the countries of the South would become united with the North, opening their gates to tourism and enabling trade import and export. The asphalt roads were heralds of the arrival of progress to all corners of the continent. Making headway in the construction of these highways was seen as the symbol par excellence of collaboration with the United States. At the New York World's Fair, Mexico's pavilion promoted its paradisiacal beaches and archeological digs as stops along the Pan-American Highway, advertising its destinations as the cheapest along the route.

Nevertheless, the Mexican nationalization of oil in 1938 was seen as a rebellious act, thus far unseen in the history of Pan-Americanism, and it infuriated Washington. The CIA, neatly and cleverly managing counterinformation, accused President Cárdenas in the Mexican press of Communism and proto-Fascism ("*quintacolumnismo*"), stating that he didn't control the country. At the same time, in 1940 they invited him to organize an important exhibition at The Museum of Modern Art, New York—*Twenty Centuries of Mexican Art*. The exhibition was followed by a wave of fashion, prompting the editor of *Vogue* to observe, "New York goes Mexican." Macy's department store, for instance, Mexicanized its merchandise, adding a touch of Mexican flavor concocted by its daring designers and salesmen, who got their inspiration from the artifacts and art exhibited at MoMA.

At the same time, as part of its fiftieth-anniversary celebrations, the Pan-American Union organized several thematic parties dedicated to Latin American countries at the Museum of Natural History. All of these strategies were led and funded by Nelson Rockefeller, MoMA's president and the man in charge of US governmental relations with Latin America. He was also a CIA agent and a wealthy heir of a black-gold empire. He also supported the turn to Abstract Expressionism, so giving North Americans their own school of modern painting. He largely deactivated the political and social art that the Mexican muralists were spreading in the more liberal circles of North American artists.

But Latin America, on the other side of the Pan-American montage, still remains a region with dissatisfaction, with an intellectual class in unrest and a cultural movement that resists such strategic hegemony. Pablo Helguera carried out an unusual artistic project. Between May 19 and September 15, 2006, he traveled with his School of Panamerican Unrest from Achorage, Alaska, to Ushuaia, Argentina. He made a total of twenty-seven stops to present a nomadic forum of cultural exchange, which included discussions, performances, film screenings, etc. With this large action, Helguera carried out important groundwork. Artistic and intellectual circles in Latin America have rarely been able to form identity-based or cultural networks among themselves. Helguera's SPU came to work together with us, to help us learn to talk with each other.

Simón Bolívar stated: "For us, America is the fatherland." Helguera's project certainly reminds me of Bolívar, and it rescues this idealist and utopian desire for union among American nations. In the spirit of the *libertador*'s aspirations, the SPU worked at establishing links and brotherhood among the autonomous Americas. By travelling the entire distance through the continent, the artist wove a net of interrelations that gave relevance to the local. Instead of bringing all to the center, Helguera's school went to the periphery. Helguera calls his strategy "transpedagogical" and understands it as a method of supporting artistic and cultural emissaries, gathered throughout the trip, to relocate and develop their missions in their own territories. The voices united along the trajectory proposed to reclaim discontent, unrest, and critique, which always mobilize the artistic work in original ways.

> Itala Schmelz
> Director, Museo de Arte
>   Carrillo Gil
> Mexico City, Mexico
> March 2011

III.

THE PANAMERICAN ADDRESSES

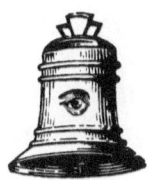

Pablo Helguera

PANAMERICAN SPEECH,* 2006

Panamericans:

I stand before you today to speak of the place where we live, and yet may not give much thought. It is a place through which I shall soon travel in a long journey in order to find some of its essence. This place is called Panamerica.

This is not a political speech, nor is it a call for revolution. I am no leader or politician. Nor has my speech the intention to ask you to join a collective fight, but rather, to incite you to embrace your own independence, and your own universality as individuals, by considering what it means to be Panamerican.

I cannot deny that I may be embracing, in this speech, and in the journey that I am about to undertake, the most ambiguous of terms, the most relative of beliefs, and the greatest of abstractions. But while it may be misguided to still believe in ideals, we also know that nations and societies have not been built on pragmatism alone.

---

* Speech Given by Pablo Helguera at the inaugural event of the SPU at Ellis Island, New York, May 5th 2006.

There is no better place to start a journey than in this very room, which represents to many the very meaning of immigration, the hopes of those who wanted to live a better life, and who through their hopes helped give richness to this nation. Now, more than ever, it is important to understand that we our past is inextricable from these journeys. Now, more than ever it is important to remember that *we all are panamericans.*

I search Panamerica, I confess, with distrust, skepticism, and yet, with the hope to redefine, and understand, a word that has been misused, misunderstood, and perhaps taken away from us by ideology and rethoric.

Perhaps I search for Panamerica because I want to know if its true spirit died with our economic and political disillusions in the twentieth century.

Perhaps I search Panamerica because I crave the sense of purpose and idealism that our ancestors had. Perhaps I seek to name it because the sense of unity, and the grounded sense of identity that we all once had seems to be gone. Today we live in distrust, fear, and disappointment.

I believe that in art, today, we look backwards because of a sense that there is no future. We are ironic, because we are afraid to assert new truths. We are skeptical, because we are afraid to fail. But sometimes one has to fail and one has to be assertive, even at the risk of being wrong. And I believe if we did all we could, then we could not say we really failed.

Perhaps I search for Panamerica because I want to believe in the fantasies that once this vast land once inspired. From the first settlers in the sixteenth century to the millions of immigrants who arrived through Ellis Island, America has been a place of promise, a place of richness and endless possibilities. It has been a place of transformation, where immigrants could found their societies and build new systems, born out of their religion, their faith and their cultural practices. Ever since the sixteenth century, we have been in an incessant process of construction, of unrest. We seem to be in a continuing unfinished story.

The Americas multiply in theories and fancies. There are lost Americas and imaginary Americas. Innumerable utopias have been found or fancied in America. Most of them have been responses – adventurous and eccentric- to the opportunity for human reinvention represented by the new world. John Adolphus Etzler proposed to remodel it in 1833. He tried, unsuccessfully, to establish a utopian community in the jungles of Venezuela. In Charles Fourier's Harmony, and in Étienne Cabet's Icaria, ideal communities were sought. Brigham Young imagined a paradise of latter-day saints on the shores of the Great Salt Lake. And the Shakers, led by a woman from Manchester named Ann Lee, created a community that lasted four centuries and became the most sucessful socialist experiment in the Americas.

Simon Bolívar imagined a unified, free America that would share in its natural and cultural wealth and deliver an incomparable promise of the New World. José Martí called it "mother America," and José Vasconcelos envisioned a cosmic race, a mixture of the western man and the Indian that would inherit the leadership of the earth. John Donne's mistress was his America; Pablo Neruda's America was his mistress.

The founding fathers of the United States imagined a political union that would ultimately embrace the entire New World, with their own republic as "the nest," in Thomas Jefferson's phrase, of "all America, North and South."

And yet, our great hopes for this continent have turned awry. We are in the middle of unfulfilled national projects and unfulfilled promises of global cosmopolitanism.

While Panamericanism existed as a dream of union, it also existed as a dream of posession. From the Monroe Doctrine to the Good Neighbor policy, and from the Spanish colony to the economic and social policies of today, we have invoked Panamericanism, but only in the service of a few and not of the inhabitants that this word would intend to comprise.

In the last two decades of the twentieth century, we thought economic freedom would bring political liberty. Modernization should promote democracy. Every new effort of the second half of the twentieth century ended up grounded. Economic failure repeated arrested democratization as emergency conditions made men surrender to quick-fix dictatorships. Nationalism is populism, religion supports imperial capitalism. Disneyland's contribution to Panamerica was to create the utopian idea of the American fairyland into a corporate enterprise. Neoliberalism has failed. Our national identity projects were shattered in Tlatelolco, Santiago and Buenos Aires between 1968 and 1973. Karl Marx's prediction that America would be the first terrain of the socialist revolution proved false. We are given an option between hegemony or dictatorship. We have drawn the very cartoons of our greatest hopes.

Why should I seek Panamerica then? Why try to ignore the abissmal discrepancies between the wealthy and the dispossessed?

Perhaps I seek to seek Panamerica because I want to know if there is indeed a cultural thread amongst all of us that goes beyond political and economic ties. I want to know what is there for us to learn from the 100 ethnicities who live in the Americas, half of which will be gone this century. Maybe because of the millions of immigrants, whom I see walking in the streets of New York, and who have fled their countries and have made other places of this continent their own. Maybe because in the end we are united by education, social integration, democracy and access to comunication and cultural goods, and by tangos and boleros and telenovelas, and oil and cuban grain and tourism. Maybe because we are identities in search of self-government. Maybe because we are a very old and very young continent, restless and stable, dependent and independent, poor and rich.

Maybe because I believe that the notion of Panamerica, after all, is not alien to corporate expansionism. And for that reason it is our duty, as independent thinkers, to question if we will allow to be defined to be this corporate enterprise, or if the dialogue between us will be of a cultural, and not just a monetary, nature.

A journey like this could not be done by institutions or by governments. It is we, the individuals, who should seek to find each other. We will thus search in this journey those voices of difference and similarity and seek to make them heard.

Walt Whitman said:

Quicksand years that whirle me I know not wither
Your schemes, politics, fail, lines give way, substances mock and elude me,
Only the theme I sing, the great and strong-posses'd soul, eludes not,
One's-self must never give way—that is the final substance—that out of all is sure,
Out of politics, triumphs, battles, life, what at last finally remains?
When shows break up what but One's-self is sure?*

We shall seek Panamerica by embracing the anonymous and the unknown, and hopefully recognize ourselves, and all of us, in some aspect of that unknown—our collective memories, our ideals and our failures. And we shall seek to understand it with the language of art, which never provides precise data or quantifiable evaluations but which provides other kinds of knowledge and connects us in necessary ways. We shall not seek to create myths, but to understand them; we shall not seek to find in order to possess but in order to exchange; we will critique that which has been glorified and reassess that which has been discarded. We shall not seek to preach, but to listen, and we will not seek to mythologize but to depict. And no matter how short or how long this journey may become, we shall always keep in mind that Panamerica starts and ends with each and everyone of us, for it is first and foremost a place of our mind where we shall find our guiding light and our deeper truths.

---

* "Quicksand Years," part of *Leaves of Grass* first published in 1867.

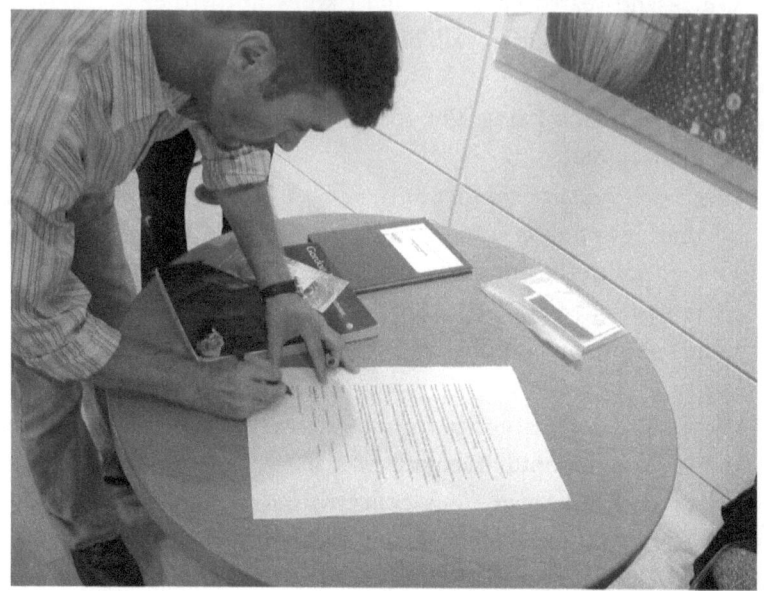

Signing the Panamerican Address of the People of San Francisco/
Firmando la Declaración Panamericana de la Gente de San Francisco

PANAMERICAN ADDRESSES

The following are the collective documents that emerged from discussions facilitated by The School of Panamerican Unrest throughout its hemispheric journey in the summer of 2006. At each city, the SPU organized a panel discussion on a subject chosen by local participants. After this event, an open workshop was held where participants were asked to collectively write an address that articulated the issues faced by their community at that given point and offered steps or resolutions as to how to address it.

Each address was read at a civic event in the city of its authorship.

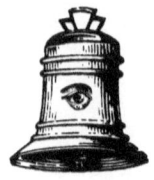

The Panamerican Address of the People of Vancouver

WE, THE PEOPLE OF VANCOUVER, on this day, Saturday May 27, 2006, at the Helen Pitt Gallery, located in Vancouver's historic Gastown district:

Whereas we recognize that British Columbia is our home or native land, dating back to its incorporation in 1886 as a province of the country of Canada;

Whereas British Columbia was the northern terminus of Spanish colonial exploration, which connects Vancouver with a long history in the Americas, and has the migrations of various other communities, such the Squamish, Musqueam, Stó:lo, Tsleil-Waututh, Japanese, Chinese, Sikh, Dutch, English, Finnish, and those we have left out;

Whereas we recognize that this region has been defined by uncertainty and instability, a contested ground, in a constant state of reclamation, with a history of misplaced claims and ownership;

Whereas we recognize that this land is characterized by an underlying process of change, embodied by its running underground creeks and peat fires;

Whereas we acknowledge the rain;

Whereas we acknowledge Vancouver residents' anxiety about a culture and economy obsessed with real estate, knowing this emphasis creates brutal results on individual and collective lives;

Whereas the real estate development industry in the city of Vancouver is trying to pave away the historical memory of this city, with gravel and rock, and whereas we recognize that the forces of development that are endangering the memory of this environment and its cultural history;

Whereas we assert our right to ride naked in Vancouver and call it "art" and also to refuse calling it "art"; we assert the allure of our prosthesis; the natural and the supernatural;

And whereas while we recognize that we are part of a constant process that overwrites patterns of use here, as in any city;

We acknowledge that this unease is a sign of urgent endemic problems that have to be confronted and solved;

Vancouver's ground is burning from underneath;

We assert our desire to contest over-production and over-consumption, specially when applied to capitalistic models of Art-making, when the focus becomes making more and showing more, laboring away from our true goals;

We have a dream for Vancouver, realizing Vancouver is already a dream; Our notions of community and the local will not exclude the nomad and the transnational or the transcultural.

We assert our resolve to create a network of artists to rectify these issues, constructing a unified front of defense toward the following ideals: the preservation of memory, the nurturing of local culture, and the opening of space to dream lucidly.

Signed: Lance Blomgren; Trevor Boddy; Charo Neville; Aaron Peck; Carey Ann Schaefer; Pablo Helguera (secretary)

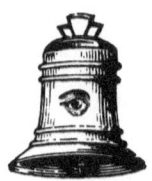

The Panamerican Address of the People of Portland

WE, THE PEOPLE OF PORTLAND, on this day, Thursday, June 1, 2006, at the Feldman Galley of the Pacific Northwest College of Art, at the Pearl District of the City of Portland, Oregon, United States of America;

Whereas we recognize that the city of Portland has a strong tradition of openness and dissent that includes the challenge of racial segregation, the support of local businesses and nourishment of social programs;

Whereas we recognize that Portland is a city where we offer free items for the taking on our doorsteps, and that we are a city of free boxes, not large retail boxes;

Whereas we recognize that, despite this tradition, there is a prevalent and alarming apathy of political participation in the Portland community, where voter registration and turnout is down to thirty-five percent;

Whereas we recognize that Portlanders have bumper stickers saying "Keep Portland Weird," acknowledging that this action is symptomatic of an isolationist tendency to retain our spirit as liberal but detaching ourselves from the rest of the nation;

Whereas we recognize that there is a gap between the idea of community and the critical practice of it;

Whereas we recognize that the necessity of choosing a definable scope for creative effective change is paradoxically hampered by our openness to dissent;

Whereas we recognize that the increasingly competitive nature of United States society is taking an unhealthy direction that undervalues cooperation;

Whereas on the river over the Burnside Bridge there is sign that reads "Made in Oregon," an urban marker;

Whereas we support the idea that change can grow locally, and that our sustainability depends on us becoming more independent;

We shall strive to move this spirit beyond this locality and to serve as an example that can be adopted by others in this nation;

We will not be absorbed into a mainstream that we disagree with, nor will we be separated into our own island of dissent;

We resolve to make art that steps out of the gallery of ideas and into a manifestation of concrete tools;

We are determined to put art into our concerns and our concerns into our art;

We will strive for art to be participatory and we will eradicate apathy; We will plant parks on freeways; we will create art that moves past understanding and into action; we will burn the commodities of identity, we will teach cockroaches how to write;

We will enact an active search for the meaningful and recoverable values that now we are only nostalgic about;

We will be assertive and imaginative, and we trust that by encouraging participation the greater community will act wisely.

"We all are the others, and we all are a self."

Signed: Seann Brackin, Emily Franz, Dante Fugazzotto, Kelly Martin, Mack McFarland, Jamie M. Rea, and Holcombe Waller, Pablo Helguera (secretary)

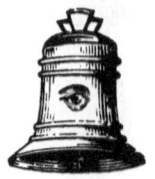

Postcard from Calgary

Dear Pan-Americans,

WE, CANADIAN AND NON-CANADIAN RESIDENTS gathered on this day, the third of June, 2006, at the Olympic Plaza in Calgary, Alberta, write this postcard as a memento of our time here.

We acknowledge the Calgarian mythology of the West, the frontier, the promise of black gold, the rush of hitting it big;

We also acknowledge that the myth is fed throughout Pan-America and that the frontier is always out of reach;

We acknowledge that the prosperity of Calgary is an incomplete prosperity, as privatization is being built while public services and facilities are neglected;

As cultural agents, we acknowledge that even if we can't solve the problems of the world we can say something about those problems;

We are truth tellers and communicators in the interest of increasing dialogue;

We acknowledge the need for critical discourse, written, spoken, and performed, and we believe that the arts are part of a healthy community;

We propose the development of communities that acknowledge and move beyond historical and transnational mythologies, emphasizing cultural strengths and multifaceted perspectives alongside these historical narratives;

Our dream for Calgary as visitors and residents includes carless streets, affordable living, and an expansion of an identity beyond the oil well;

"We all are the others, and we all are a self."

Signed: Jen Rae, Joseph del Pesco, Nicole Burish, Robert Labossiere, Mé Schofield, Jessica Wyman, Emilie O'Brien, Joni Murphy, Morgan Sea Thomson, Jennifer Crighton, Joey Dubuc, Drew Anderson, Mooky Cornish, Pablo Helguera (secretary)

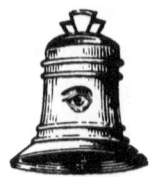

The Panamerican Address of the People of the San Francisco Bay Area

WE, THE PEOPLE FROM THE SAN FRANCISCO BAY AREA, on this day, Sunday June 25, 2006, at the Museum of the African Diaspora, located in the city of San Francisco, California;

WHEREAS we acknowledge that the San Francisco Bay Area has a fluid artist community as a result of being a rich migration center for many years;

WHEREAS we acknowledge the history of alliances and the realities of living on the Pacific Rim, historically constructed by the many cultures that came to the Pacific coast and specifically, in this region, from Asia, Latin America, Canada, and the movement to the West;

WHEREAS, because of that history there has been a greater connection and collaboration between ethnic groups, who have had to live together, leading historically to a climate of strong social involvement and activism, including the Third World Student Strikes in 1968 and '69, the free speech movement, the Black Panther Party of the '60s out of Oakland, and the Brown Berets of the early '70s, as well as the Beatnik movement of the '50s. This region has also been characterized by collectively recognizing the social significance of individuals like César Chávez and Malcolm X;

Today, on the day of the Gay Pride Parade in San Francisco, we want to be mindful that such expressions of freedom were born from the civil rights movement. It is the many facets of our diversity that we embrace. Amidst all of this, artists who are dealing with issues of race, culture, and history as well as artists who are not dealing with those issues but are from specific ethnic backgrounds have been embraced in this region and have been an intricate component of Bay Area activism. From day one we have been here in this moment, this space in time. We were there—in history—in the moment. We were not invisible then, we are not invisible now.

We acknowledge that there is a lack of historical education in curatorial practice that emphasizes market interests over fluid cultural understanding. We assert that art is more than entertainment; it is a deeper and more sincere expression of human experience. Because we view the stories of art as valuable experiences for a broader population, we want to expose those stories of difference to all. Those of us whose experiences are not considered universal reject universalism and the notion of universal historic narratives. As artists and curators, we create models of the world, and while we want to sustain ourselves in doing our work, we will continue in the community making change happen. We want to change the way the world can be seen, what art can be. We want to further the question of what is art—without giving it a single answer. We want to open opportunities for broad ways of thinking, to recognize art as play but also as serious play.

We seek to challenge institutions and continuously put energy towards educating the youth to hopefully have a viable living place.

We are determined to move beyond institutional terms of representation of cultural specificity to recognize that an individual's work is not only the reflection of his or her specific background; that we are, in fact, all the others.

Signed: Kaya Fortune, Richard Godinez, Mildred Howard, Dru Harshaw, Nishat Kurwa, Lizzetta LeFalle-Collins, Praba Pilar, Eduardo Pineda, Tere Romo, and Pablo Helguera (secretary)

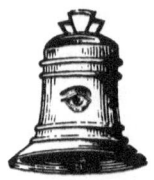

The Panamerican Address of Mexico City

Today, July 7, 2006, at the Sala de Arte Público Siqueiros of Mexico City, the group of individuals gathered here by the School of Panamerican Unrest agreed on the following:

That the meanings of the terms Pan-America, Hispanoamerica, and Latin America have changed over the course of history;

That Pan-Americanism, although it sounds Bolivarian, is charged with Cold War connotations;

That we ask ourselves whether the concepts of Latin America and Hispanoamerica respond more to a commercial interest than a political or cultural reality;

That we consider that Mexico operates as a cultural hinge in the American continent and that Mexicanness has constantly been a supplier of aesthetic forces and inspiration to artists both inside and outside its territory;

That artists in Mexico are often given the role of spokespersons for the people, both by media and by the voracious international market;

That in reality there has been a breakdown around cultural representation in Mexico for historic reasons, which have caused generations to distance themselves from this role;

That art at the global level does not have representations, but that it rather plays a game of self-deception.

That, as such, we believe that a system of representation is a system of exclusion, and so this document does not try to represent anyone other than its authors, aiming to generate a moment of reflection and questioning;

That art allows us to be in constant movement in order to question the discourses of truth, reality, and democracy;

That art gives us the ability to act creatively amid uncertainty and with liberty in the face of chaos;

That the public art we make exists outside the concepts of historic monumentality and aestheticity;

That tranquility and stability are mythical ideas;

That art offers the permanent state of mobility that is necessary for the defining process of tribal identity, and it is the state in which we are conditioned to exist;

That as we are living through the end of disciplines and the fall of borders, we shall seek to operate through relationships with those who share our unrest.

Signed: Maris Bustamante, Itala Schmelz, Erick Beltrán, Javier Toscano, Jorge Reynoso Pohlenz, Lourdes Morales, Carla Herrera-Prats, Daniela Wolf, Sofía Olascoaga, Francisco Reyes Palma, Pablo Helguera (secretary)

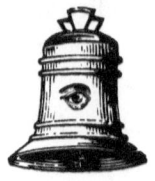

The Panamerican Address of the City of Mérida

WE SEE YUCATÁN as a region of great local tradition that has also given rise to great transgressive art, holding richness on both fronts.

As such, we declare:

That Yucatecan art has a rich irony that we acknowledge; That there are stigmas among different groups, prejudices, and fragmentation as well as an excessive embrace of narrow-minded ideas; That the art produced in this region has experienced a process of professionalization thanks to recent events, such as the creation of various spaces for art-making; That, nevertheless, there is a predominance of conservative filters that try to nullify these efforts and create a climate in which any semi-divergent act is seen as highly transgressive, and while the art market exists here, it promotes decorative art; That in Mérida there is a lack of critical analysis of the art scene; That we consider that the end is not to necessarily transgress, but rather to make art as we see fit in order to reflect our ideas;

We see as a result two basic tendencies in artistic practice: the total negation of that which is Yucatecan and the imitation of commercial models from the First World but in a poor manner and, on the other hand, art that promotes obsolete stereotypes; While we are generating a circle of professional artists, we are determined to break with it in order to reach the rest of the community;

We declare the month of October in Mérida to be the month of critique; We consider it important to situate ourselves in our local and historical context, which comes from tradition; And we consider important to give tradition the place it deserves, even though it occasionally will result in clichés;

We want to globalize without falling into globalization; We shall export our irony like *bombas* and Sandra's *huipil*; We will be terribly contemporary; We shall professionalize art in the region, expand public debate, create bridges between the different disciplines;

We will be Yucatecans but not nationalists; We accept our contextual reference, our geographic situation, and our cultural characteristics.

Signed: Pedro Medina Puch, Natassja López Castillo, Debora Carnevali Ramírez, Omar Góngora Guzmán, Naomi Rincón Gallardo, Katie Usher, Raúl Moarquech Ferrera Balanquet, Efren Canul, Alonso Quijano, José Juan Cervera, Monica Castillo, Vanessa Rivero, Flor Celeste Torres López, A. Omar E. Rosiles, Monica Cachón, José Gabriel Quintal Larrocha, Ricardo Helguera Febles, Ivan Escalante Victoria, Edgar Canul, Sandra Paloma, Oswaldo Canul Díaz, and Pablo Helguera (secretary)

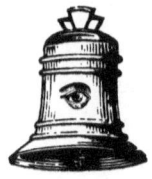

Panamerican Constitution, Guatemalan Chapter

WE, THE LEADERS of the city of Guatemala, on this day, the eighteenth of July in Zone 4 of Guatemala, declare the following:

1. We shall eliminate shyness in order to express our ideas;
2. The state shall provide roller skates to illegal immigrants and thus further the expansion of illegal immigration;
3. That which has no use for us or our children shall make the poor happy;
4. In a dream of those who dream asleep we proclaim that the chair is made to be sat upon;
5. We shall build moving overpasses to bridge our mountains and our historic and economic separation;
6. Irresponsible fathers will be turned into mothers;
7. It will be necessary for you to die here, to disappear here, under the sky, over this ground;
8. We proclaim the transcendental liberty of taking off our shoes;
9. Malls are forbidden as cultural centers. Entertainment shall not come with a price tag;
10. We declare skepticism before newscasts. We will see, hear, and never remain quiet;
11. In the era of communication, the list of contact will grow as much as loneliness;
12. We declare suicide, collective or individual, as a legal route by which to obtain final liberty;

13. The government shall provide elastic buses in order to infinitely accommodate all passengers;
14. We shall promote the mixture of races through immigration;
15. This constitution, just like previous ones, can be manipulated, reinterpreted, and misunderstood;
16. Through soccer we shall promote Pan-American unity, multicultural, multilingual, and participative (excluding Argentina and Brazil).

Signed: Esperanza de Leon, Yasmin Hage, Clyver Leal, Maya Lemus, Edwin Siekavizza, Luisa Larios, Aisza Zuzara, Josenrique Lopez, Naufus Ramirez Figueroa, Lourdes de la Riva, Isabel Ruiz, Maria Victoria Veliz, Jorge de Leon, Jessica Kaire, Maurilio Mendoza, Damaris Boche, Estefania Valls Urquijo, Alejandro Noriega, and Pablo Helguera (secretary)

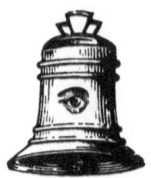

The July 20th Manifesto, Given at the School of Panamerican Unrest Stop in San Salvador

TODAY, JULY 20, 2006 at the University Dr. José Matías Delgado of the city of San Salvador, we declare:

That El Salvador went through a difficult time of crisis, war, and social trauma, and even after the signing of the peace accords the wounds haven't healed; and they go as far back as the 1932 Indian massacre under the dictatorship of General Martínez;

That this collective trauma has not really been confronted by local art;

That a lot of local art-making is mere propaganda or folklore;

That there is a lot of fear among local artists, who fall back on ornamentation in order to be accepted and make a living;

That freedom of expression in this country, exercised in a critical way, immediately finds rejection and threats;

That we emphasize the homogenization of behavior, that we have become experts in producing a homogeneous product and person, which has devolved into an indifferent population and a lack of desire for self-knowledge;

That every creative activity is always somehow anarchist, but it can also be collective;

That our fear of failure has been detrimental to culture;

That we have become experts in criticizing others without understanding their desire for self-improvement;

That we perhaps live a "Magic Syndrome"*—we let opportunities pass and then we lament the loss; the product is valued more than the process and we want to have everything predigested;

That the educational system must be reformed so that we don't hit our teeth twice with the same stone, forgetting what happened yesterday;

That art should not serve a specific purpose, nor should it be defined in terms of its financial viability, because it would then stop being art;

That the government should not enforce a selective memory, but rather show the different and opposing interpretations and views of history and, most particularly, of our conflicted recent past;

That knowledge, particularly in art, cannot be quantified, and for that reason we shall seek independent learning in order to understand and compensate for what we lack. Creativity is the true force of learning;

We will be our own bosses, we will benefit from each others' abilities;

When necessary we shall work against the current;

We will work towards becoming that which we want to become, and we shall seek our creative potential;

For as long as we can remember we have heard endless definitions of art, and even though we may never agree on a final definition, we are certain that we have to make art;

We shall overcome our challenges by being ourselves, seeking our own roads. By making concrete projects, step by step, we shall become who we envision ourselves to be.

Signed:
Barney (Carlos Castellanos), Ronald Morán, José Rodríguez, Luis Sagastume, Pedro Rodríguez, Nelly Guevara, Roberto Avilés, Miguel Angel Leyva, Ricardo Clement, Rocío García, Pablo Helguera (secretary)

---

* "El Mágico" is the name of El Salvador's most famous soccer player and is often seen as a national symbol of missed opportunities.

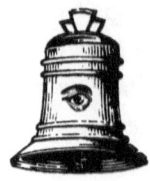

The Tegucigalpa Address

TODAY, IN TEGUCIGALPA, HONDURAS, Monday, July 24, 2006 at the National Gallery of Honduras, we declare the following:

That cultural life in Honduras has lost a certain degree of identity due to the information revolution, which has generated confusion more than a critical sense for making art;

That today one can be apolitical, and that art is one of the best platforms for treating social subjects;

That the information provided by the Internet and other technology cannot help us unless we can treat it with a critical eye;

That there is a generic, alienating culture among youth, who are all locked in the same circle;

That we cannot remain gray, but instead we should look in the garbage, and know what we should take and what we should reject in our practice, aside from our tastes and our prejudices;

That we should open new spaces for art without sectarian sentiment to allow for the participation of a new public. We need to take art out of galleries and institutions and put it into houses and apartments;

That before we simplify artistic language we must first reestablish art education in schools, and then redefine the artists' profession. Artists themselves will be the first to be educated;

That we want a new viewer, a new audience, a new art that may reflect and adapt to changes of technology, question mental habits, and adapt to new formats of perception;

That we want to generate a new critical aparatus with this new artistic sensibility. We shall educate those in charge of the culture section in newspapers. Art is not a gossip or sports magazine. The media have confused culture with spectacle, and so we must create publications with cultural content;

That the leaders of our nation have not realized that they will rise through their support of our culture and our art, that public art will make us rise as a nation.

When people think of Honduras, we do not wish them to think of the biosphere of Rio Platano or of poverty or lack of education or a country of money transfers. We want them to think of our output as artists, musicians, filmmakers, writers, or playwrights;

That a loincloth does not amount to a cultural identity;

That we shall form a true community in order to rebuild Honduran art.

Signed: Rolando Martinez Flores, Carla Valle Rodas, Luis Bayardo, Francisco Javier Vallejo, Jessica Maria la Rivera, Esau Adonillas, David Soto, Julio Cesar Contreras, Blas Aguilar, Darwin Mendoza, Amarilis del Mar Moreno, Esmeralda Reynoth, Magtiel Vidence, Diana Vallejo, Christian Cruz, and Pablo Helguera (secretary)

The Panamerican Address of the People of Caracas

IN CARACAS, VENEZUELA, today, August 24, 2006, we declare:

That currently in Venezuela, a few months away from the presidential election, we find ourselves at a moment of great fragility and political and social tension;

That "Pan-Americanism" cannot be separated from "Bolivarianism" in the way it is interpreted by the current government;

That Venezuela, being a traditionally communicative and expressive country, has now reached a point of intolerance regarding opinions on certain subjects. In Caracas, for instance, doors were once open to all, and now we see resentment and aggression;

That we seem to fulfill a description by Humboldt, the traveler, who once said that Venezuelans live in a coastal country, like a great port that looks to the outside but that rarely looks within, as if we negate our very self;

That in Venezuela there is a new racial debate taking place, and nationality is being questioned in terms of race;

That all Venezuelans are descendants of immigrants;

That we consider that, government visions aside, there are indeed things that define us as Venezuelans, such as the painting of Francisco de Miranda in the Arsenal of La Carraca and the way we walk on the street, stir our whisky with a finger, and hold our bus tickets in our mouths;

That we consider ourselves communicative and hypersensitive, and our vitality is part of our daily survival. But we continue to be proud to have been born, to grow up, and to continue to work in this country;

That due to political and social tensions, we abandon intolerance in order to put ourselves on the defensive;

That we are used to having an exaggerated amount of badly administered money, living a culture of waste, that the difference between rich and poor has generated the culture in which we live today, and that Simon Bolívar was more interesting before than he is now;

That our government sells us a country for all, when really it is creating a divided and resentful country;

That we have Catholic, Jewish, and Arabic heritage. Our racial complexity includes Europeans, indigenous people, Asians, Africans, and Americans;

That Venezuelan music is not limited only to the *al pasaje llanero* but also includes drumming, calypso, the *polo margariteño*, Andean violins, salsa, merengue, rock, ska, and many other kinds;

That we of course possess an identity, but it has been broken by intolerance and lack of love, by an obsession with classification and a lack of respect for the other;

That our uncertainty today is a sensation created by the current government, under which no law is stable, nothing is unmovable, and everything can be changed, from the constitutional laws to the stars of our flag. The impact of these changes is very recent, and we are still spinning from the crash;

That, as a result, we think it is important to believe in our own projects, to see them through, to create alliances among ourselves and outside, that our greatest contribution is to make and to believe in that which we make;

That this current, introspective condition has forced us to generate a more introspective view that eventually will help us to modify our how we see ourselves. As Venezuelans we must create real networks, not fictional ones, not feeble metallic bridges that may fall after the first earthquake;

That there must be a real sense that we are thinking about the other, and we must encourage this at an individual level;

That we need to find our new Venezuelan beauty, our new political and social aesthetic, and once we have found it, we shall learn to implement it through every individual, who will be a multiplying agent.

Signed: Luis Romero, Suwon Lee, Marylee Coll, Muu Blanco, Iván Candeo, Consuelo Mendez, Beto Gutierrez, Ana Elis Alenso, Jaime Gilli, Carolina Siefken, Mate González, Angel Márquez, Jordi Teres, Sandra Alcalde, and Pablo Helguera (secretary)

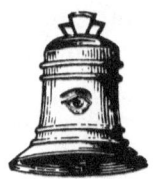

The Panamerican Address of the People of Asunción

IN ASUNCIÓN, PARAGUAY, today, September 1, 2006, we declare:

That Paraguay is a country with a bicultural identity, resulting from its Western and indigenous heritage, particularly Guaraní culture;

That the difference among our cultures is very strong and it manifests itself through common and unshared codes;

That the Paraguayan Indian does not identify himself as Paraguayan, and that the contemporary Paraguayan is not altogether Guaraní. For example, those present here today, connected to this art activity, are not necessarily Guaraní speakers;

That despite this distance, the Spanish and Guaraní languages are interwoven in our daily cultural dialogue. While Spanish may be the official language, Guaraní is the sentimental language, expressing a multiplicity of untranslatable meanings;

That our cultural ambiguity influences our continental positioning and our relationship with Latin America, since Paraguay is rarely remembered as part of the continent;

That maybe as a result of this condition, as well as historic cultural processes that are connected to our intermixing, we have developed a low esteem for our national culture. That Paraguay has lived a long period of repressing its deepest emotions;

That in Asunción we have observed a sustained process of "ruralization," which impacts the development of contemporary urban culture;

That change today is seen with suspicion, from the design of a ceramic pot to deep convictions. We constantly adopt external models and regard things from outside as better;

That despite the fact that we live in a country with enormous natural, culinary, and indigenous richness, with unique traditions, we rarely value these as virtues and instead are witness to the linguistic deforestation of Guaraní as a historic project of the state;

That, nonetheless, Paraguayan immigrants who experience nostalgia (*techagau*) re-create their world by reclaiming traditions and cultural rituals, in order to regain profound feelings;

That we regard the rise of the artistic community as a challenge, given the adverse economic conditions and the absence of an art market in Paraguay after a decade of financial crisis that is still continuing;

That art should get out of the mold, that it should generate a social ritual that would allow it to regain its place among us. That as soccer and the film industry have managed to do, we should strive to establish an emotional connection with our audience, because to disregard feelings leads to making dead art;

That we need to document and write, so others are not the only ones to write our history;

That despite our global and contemporary isolation, it is necessary for us to learn how to make our own cultural ceremonies part of our daily life, so that we can find reconciliation among ourselves.

We set it as our purpose, as art workers, to keep abreast of the sociohistoric development of our country in order to build a collective strategy for strengthening our culture that may find positive projection in real life.

Signed: Natalia Antola, José Arazategui, Gustavo Benítez, Oswaldo Campeccioli, Christian Ceuppens, Silvana Daher, Gisela Esposito, Alejandra García, Adriana González Brun, Mónica González, Laura Mostatá, Soledad Patino, Carlos Sosa, Pablo Helguera (secretary)

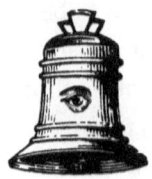

The Panamerican Address of the People of Buenos Aires

At the barrio del Congreso, at the Pizzería de La Americana in the city of Buenos Aires, those who are here together declare:

First:
There is no truth nor falsity; all borders are hereby extinguished; hair removal is granted to all; we affirm the importance of ambiguity; we grant free access to all public spaces and call for the opening of all public spaces; we are simulacra; we are the institution; all cemeteries belong to the state.

Second:
We are entirely separated; we live in a flat, overpopulated space; situations construct statements; neither public nor private; they can be walked around by foot; true intimacy lies elsewhere.

Third:
Argentina once had a Pan-American School of Art, which had as its logo an image of the *Mona Lisa*. That is not the kind of school we want today. There are no schools or universities in Buenos Aires. Our city ends where the Pan-American Highway starts. The highway is driven at night, and it is a trap. There are many hotels there.

Signed:
Diana Aisenberg, Ana Gallardo, Graciela Hasper, Alicia Herrero, Roberto Jacoby, Victoria Noorthoorn, Sydzaga Babur, Andreu Badii, Victoria Márquez, Adetty Pérez Miles, Megha Rapalati, Pablo Helguera (secretary).

Consular Section/Sección Consular

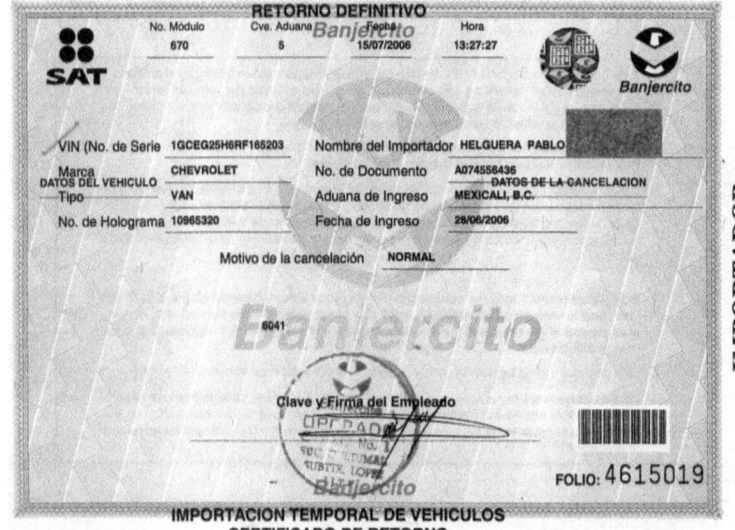

Customs form of van (Mexico)/
Declaración aduanal camioneta (México)

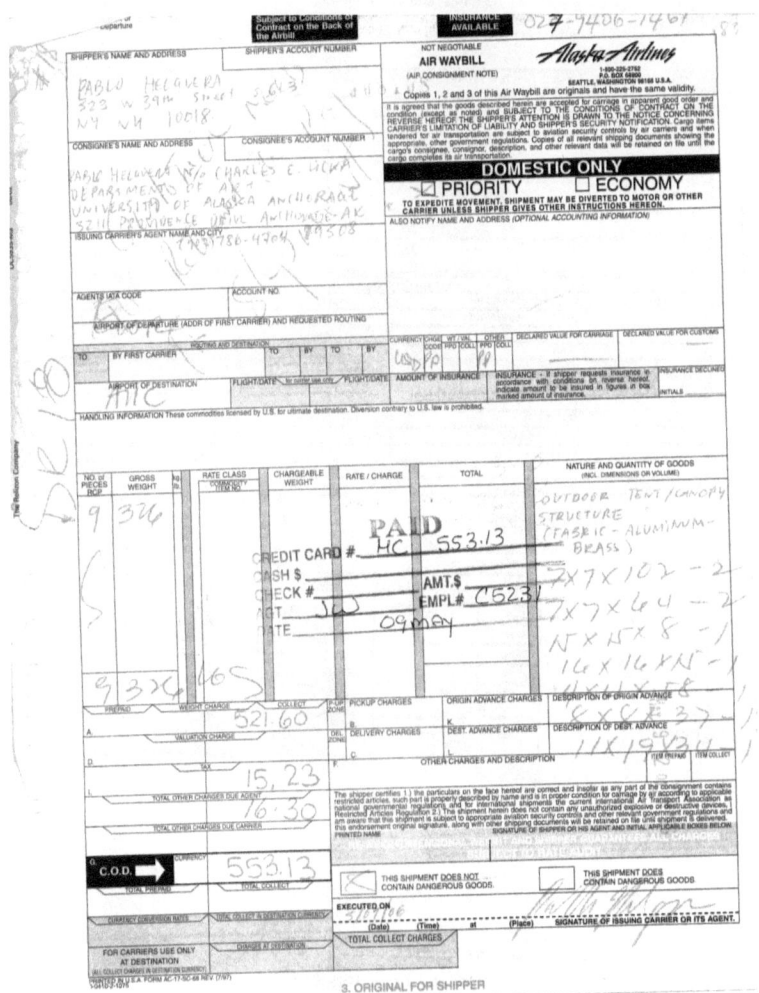

Airway bill of shipping schoolhouse (New York to Alaska)/
Recibo de envío de escuela (Nueva York a Alaska)

Customs form of van (El Salvador)/
Declaración aduanal camioneta (El Salvador)

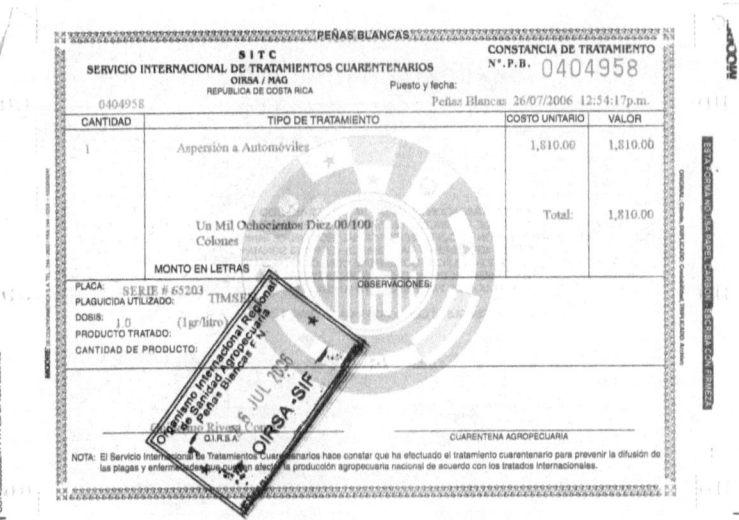

Proof of pest control (Costa Rica)/
Certificado de cuarentena (Costa Rica)

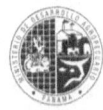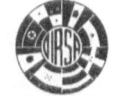

Proof of pest control van (Panamá)/
Certificado de cuarentena (Panamá)

Cargo of van and customs form (to Colombia)/
Cargo y declaración aduanal camioneta (hacia Colombia)

Insurance van Belize/
Seguro camioneta Belice

118 — *The School of Panamerican Unrest*

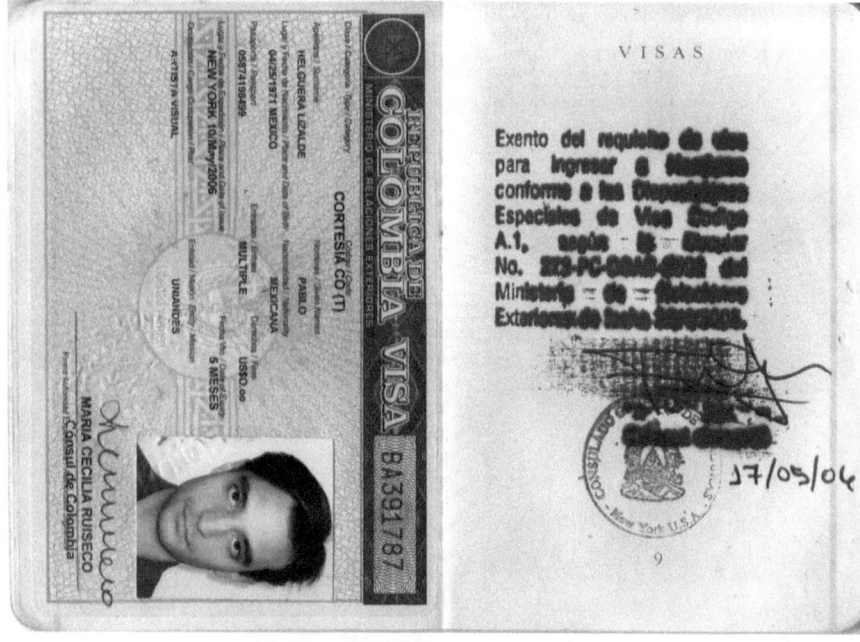

La Escuela Panamericana del Desasosiego — 119

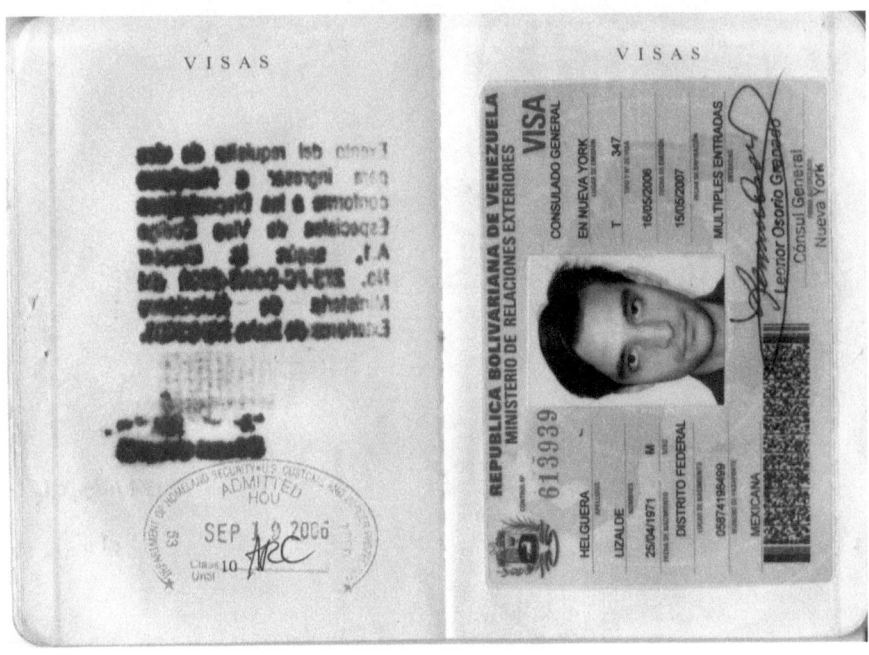

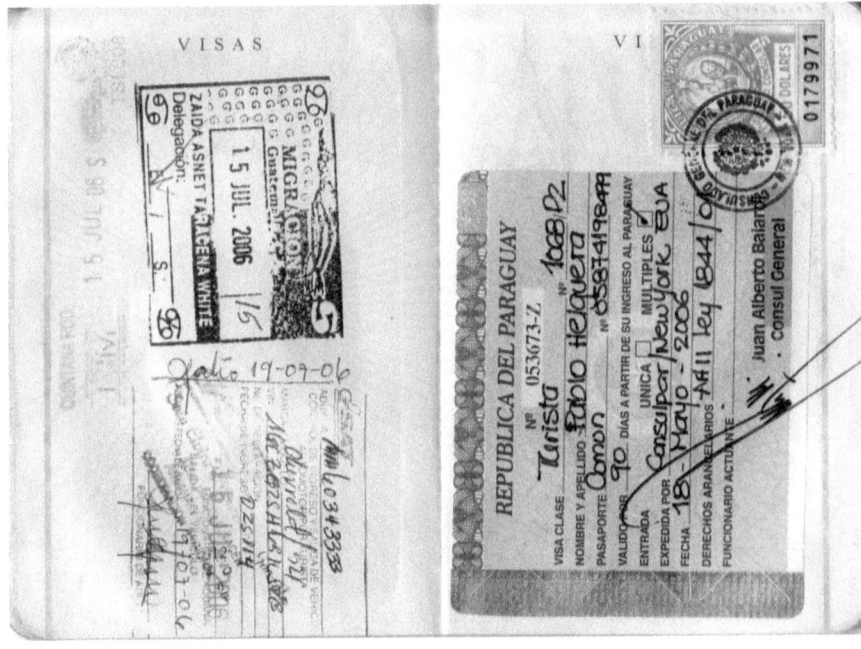

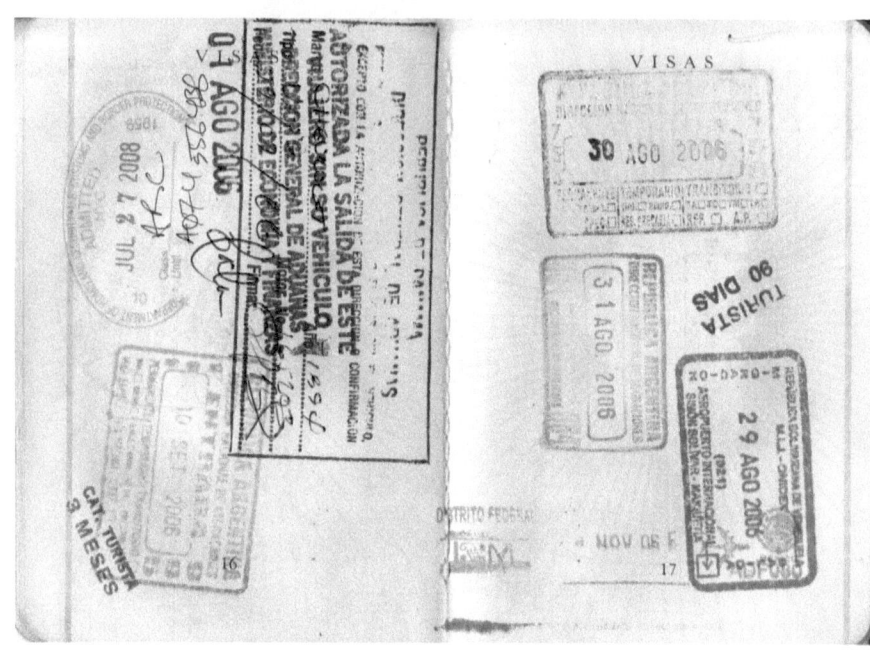
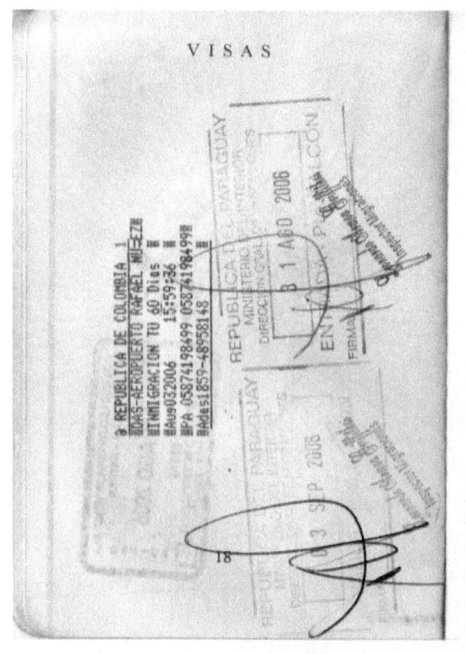
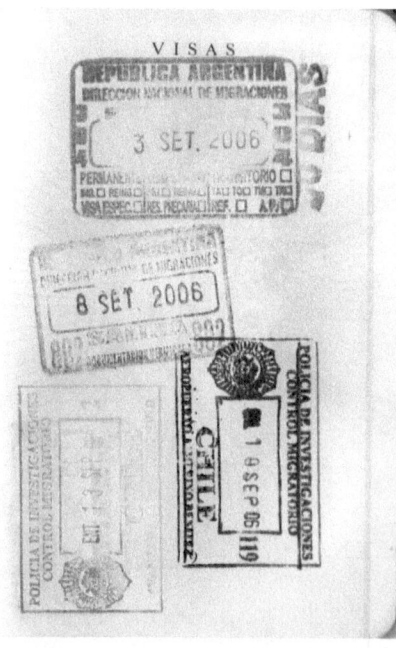

SECCIÓN EN ESPAÑOL

Arar en el mar

(Introducción en forma de epílogo)

He arado en el mar y he sembrado en el viento
—Simón Bolívar

Escribo estas líneas casi 5 años después de que la Escuela Panamericana del Desasosiego inaugurara sus actividades en Ellis Island en Mayo del 2006 y posteriormente comenzara su trayecto desde Anchorage hasta Tierra del Fuego. El continente americano que me esperaba resultó ser indomable en su geografía, su constitución política y social sus fronteras y la idiosincracia única de sus comunidades. Otro hecho que confrontaría, pasado el tiempo de mi regreso, fue que la noción de darle cierre a este viaje sería un objetivo igual de escurridizo que los lugares que visité. El archivo del proyecto de la EPD incluye cientos de horas de video, miles de fotografías, cientos de documentos y artículos y otros materiales. A lo largo del tiempo han habido varios intentos por resumir las experiencias de este viaje, incluyendo exposiciones, artículos, entrevistas y un documental, así como otros eventos — de los cuales ninguno ha logrado realmente reunir la suma de debates y temas que tocó ese proyecto. Este libro, producido una década después desde que la primera semilla del proyecto fuera plantada (en septiembre del 2001) constituye menos un intento por dar cierre, y más el resultado de reconocer su propia irresolubilidad. Está motivado primordialmente por el hecho de que, con el paso del tiempo, se me hizo cada vez más urgente la necesidad de contactar a aquellos que habían estado directamente involucrados con el proyecto como testigos o participantes para proporcionar sus perspectivas y memorias de la EPD, para así reunirlas en este volumen antes de que se disiparan en el éter. Este libro puede entonces ser visto como una antología imperfecta para aquellos interesados en conocer lo que constituyó este proyecto de arte público—una suerte de mapa, quizás, de forma similar a los mapas tentativos de gran parte de la Carretera Panamericana.

La Escuela Panamericana del Desasosiego debe de ser entendida en el contexto histórico de la década durante la cual se desarrolló

(2001-2011). En términos de su gestación, la idea tuvo origen en la conjunción de dos tipos de circunstancias: la primera, fue el 11 de septiembre y la subsecuente invasión de Iraq por Estados Unidos; la segunda, fueron los debates alrededor de la crítica institucional y la estética relacional que se venían dando en Estados Unidos y Europa. Ambos me llevaron, en el 2001, a responder e insertar la práctica educativa, así como la realidad latinoamericana, dentro del debate sobre la práctica social del arte.

La semana después del 11 de septiembre, publiqué un ensayo titulado "Un muro de Berlín americano", un intento más bien inexperto —como la mayoría de nosotros— por tratar de entender lo que significaban aquellos eventos para la nueva era que estábamos confrontando, así como por entender lo que significaba hacer arte en este momento:

> El 11 de septiembre quizá venga a marcar el fin de la noción ingenua de la aldea global, y el redescubrimiento de nuesto mundo actual. Irónicamente, la inesperada precariedad de los vuelos de avión nos ayudó a entender que, después de todo, el mundo es de hecho muy vasto y que vivimos en regiones culturales muy distantes. Y es quizá a través del arte que este diálogo cultural podría tomar lugar.*

Hacia 2002, me había convertido en una especie de etnógrafo mexicano de los Estados Unidos (revirtiendo el papel usual del etnógrafo estadounidense que llega a investigar a los mexicanos), buscando algún tipo de raíces en la construcción del pensamiento utópico americano. Traté de entender la evolución de los paradigmas democráticos norteamericanos que llevaron a cimentar nociones como la del Destino Manifiesto o la Doctrina Monroe. Mi búsqueda del utopismo norteamericano me llevó, entre otras cosas, a investigar y producir una variedad de trabajos sobre los Shakers, conocidos por su pacifismo. El experimento socialista de los Shakers ha sobrevivido por cuatro siglos y su influencia estética y de pensamiento ha influido a toda una generacion de artistas norteamericanos†.

---

* http://pablohelguera.net/2001/09/an-american-berlin-wall-essay-2001/
† http://pablohelguera.net/2002/02/simple-gifts-2002/

Por aquella época, Frederikke Hansen, quien era curadora del Shedhalle en Zürich, me invitó a participar en una exposición sobre el tema de la guerra y la paz. La oportunidad de pensar acerca de estos temas en una plataforma formal me condujo a la primera versión de la Escuela Panamericana del Desasosiego. Construida a manera de una escuela de campo estilo Shaker, la escuela funcionaba bajo metodologías que había aprendido como educador de museos. Me concentré en estrategias dialógicas, aprendizaje por cuestionamiento y otra clase de dinámicas que incluían juegos. La Escuela estaba pensada como plataforma de discusión y de aprendizaje colectivo. Mi conocimiento —tenue, en aquella época— de la pedagogía de Paulo Freire y el hecho de que el ahora de moda "giro pedagógico" en la curaduría no habían tomado lugar todavía, hacían esta empresa algo intuitiva. Algunas de estas ideas, que después se convirtieron en temas centrales de la EPD, ya me eran claras desde el principio: que era necesario instigar una plataforma formal y autónoma de discusión que se asumiera a sí misma como estructura institucional; que la substancia de la discusión tenía que ser construida colectivamente por el grupo de participantes y que con el fin de generar discusiones productivas no solo necesitábamos tratar temas realmente conflictivos (ya fueran históricos o contemporáneos) sino a la vez insertar este conflicto en la discusión al hacer que los participantes lo asumieran personalmente (al hacerlos debatir aquello que verdaderamente les concernía directamente y sobre lo cual tuvieran una opinión apasionada).

Mientras que las discusiones en este caso fueron realmente productivas, la experiencia de Zürich me mostró no sólo el hecho, de por sí obvio, de que estos debates se tenían que realizar en América sino que estas discusiones tenían que ser progresivas y desarrollarse de forma peripatética, con su propia dosis de desasosiego.

En el año siguiente a esa escuela piloto se me dio la oportunidad de expandir el proyecto gracias a la Creative Capital Foundation. Cuando propuse el proyecto para consideración, pensé que para ser consistente con la premisa de abarcar todo el continente, tenía que recorrer la totalidad de la Carretera Panamericana con la escuela, evitando tocar solamente las capitales dominantes del arte. El componente de manejar por carretera se convertiría en el más definitiorio, gratificante y traicionero de todo el proyecto.

Es importante enmarcar aquí, el momento cultural y político en el que ocurrió el viaje transcontinental del 2006, componente de la Escuela Panamericana tratado en este libro. En aquel año, las redes sociales aún no habían arrancado —Twitter fue oficialmente lanzado a la mitad de mi viaje, en julio del 2006, y Facebook abrió al público el 28 de septiembre de ese año, la misma semana en que regresé de mi viaje. Nadie había visto la trayectoria de Barack Obama a la nominación presidencial demócrata, y pocos estaban familiarizados con el poder de sus discursos (con una retórica de la era del Movimiento por los Derechos Civiles en Estados Unidos, que nosotros mismos invocábamos en los Discursos Panamericanos). Pocos habían oído hablar de Sarah Palin. El periodo también abarca la consolidación del poder de Hugo Chávez en Venezuela (quien estaba por reelegirse durante mi visita) y las conflictivas elecciones en México — en las que el candidato de izquierda, Andrés Manuel López Obrador, se proclamó como "presidente legítimo" en una ceremonia en el Zócalo de la Ciudad de México, que para mí fue el acto de performance más perfecto en la historia del país. Estábamos en el segundo mandato de George W. Bush, durante el cual promovía su agenda en Iraq a pesar de la crisis de opinión generada por Abu Ghraib y el huracán Katrina. La paranoia anti-terrorista en los Estados Unidos había llevado a promover actitudes anti-migratorias que tomaban forma a través de la proliferación de vigilantes autónomos en la frontera de Arizona, cazando mexicanos. Los precios del petróleo (y la gasolina, de la cual yo dependía más que nunca) alcanzaban récord por la guerra de Iraq. El ex-dictador Alfredo Stroessner murió la semana en que entré a Paraguay, marcando el fin simbólico del sangriento régimen militar que dejó como legado. Daniel Ortega comenzaba su nueva campaña presidencial, esta vez presentándose como moderado y pro-católico (Ortega ganaría la elección y pasaría a alinearse con las iniciativas de Chávez). En suma, una polarización Norte-Sur se estaba gestando, parcialmente propiciada por la agenda conservadora de Bush, la poca atención que le estaba prestando al hemisferio, y por la oportunidad que tomó Chávez de utilizar el sentimiento anti-norteamericano para empujar su agenda populista bolivariana.

La manera en que estas polaridades se manifestaron a lo largo del viaje quizá pueda ser percibida en los textos de esta antología. Muchas veces me convertí en objeto de crítica (en Colombia como si fuera portavoz del mundo del arte de Nueva York, y en Venezuela como si fuera apologista de Chávez). A lo que me atenía entonces, y aún hoy, era a la importancia de mantener mi papel como instigador, interlocutor y documentarista, pero a evitar el de conferencista —un "profesor" en el sentido conservador del término— o el de proveedor de contenido. Esta postura llevó a varios a pensar que carecía de opiniones personales sobre los temas políticos discutidos, o que me ajustaba convenientemente a las condiciones de cada tiempo y lugar.

Suelo trabajar con la frontera de la ficción y la realidad —ficcionalizando lo real y dándole verosimilitud a la ficción— no con el objetivo de engañar al espectador, sino con el de crear una atmósfera de cuestionamiento que no ofrece respuestas sencillas a los participantes, quienes se ven obligados a encontrar las suyas propias. Por esa razón, el proyecto frecuentemente cambiaba sus marcos de referencia, y la parafernalia y los aspectos protocolarios de las Ceremonias Panamericanas —que solían ser atendidas tanto por los funcionarios municipales como por las comunidades artísticas locales— ayudaban a borrar aquellas fronteras. En un intercambio que tuve con el filósofo Stephen Wright al principio del proyecto, Wright había expresado escepticismo frente a la posibilidad de la Escuela de generar impacto social alguno, puesto que para él todo arte que declara abiertamente su identidad como arte automáticamente abandona la posibilidad de causar impacto en la vida "real". En realidad la EPD constantemente cambió su identidad, funcionando tanto como proyecto artístico, como no-artístico, dependiendo del público con el que se involucraba; como un camaleón fluido que se ajustaba al contexto cultural que lo recibía. La experiencia me comprobó, y espero que algunos de los textos en el libro corroboren esta idea, que es posible generar un proyecto que se autoproclama como artístico, que a través del performance puede activar dinámicas sociales fuera del orden estético siempre y cuando se adapte al clima socio-cultural que le rodea.

Ciertamente, la EPD era una plataforma que convertía a los locales en actores, y el tipo de guión que ellos escogían para ejecutar era decidido, en gran medida, por ellos mismos. Las sospechas que generó este proyecto entre algunos de mis interlocutores en este sentido estaban justificadas, pero como es el caso de la mayoría de los proyectos participativos, aquellos que estaban dispuestos a participar formaban parte de intercambios mucho más complejos y sustanciales. Estos participantes lograron, asimismo, aportar un mejor panorama del momento cultural y político de sus respectivas ciudades. Debo de admitir que quizá yo fui el actor más renuente del proyecto entero. Mientras que nunca he creído en la idea de que es posible hacer desaparecer la autoría, activamente intenté reprimir mis puntos de vista y mantener mis experiencias personales fuera de las interacciones públicas. Esta estrategia acabó siendo insostenible mientras cruzaba fronteras y durante las varias (y muchas de ellas desagradables) aventuras personales que empezaban a afectar al proyecto: mis problemas aduanales fronterizos, las pesadillas burocráticas que me retuvieron por varios días en diversos pueblos de fronteras; mi espera casi eternal de la camioneta en Cartagena en lo que viajaba en contenedor desde Panamá; el robo de mi computadora en Bogotá; mi accidente automovilístico con un autobús de pasajeros en Cúcuta; y la de nuevo eternal espera de una visa para poder entrar a Venezuela; terminando con otra larga espera en Isla Navarino, al final del mundo, en medio del invierno austral chileno bajo la nieve, sin dinero y casi desesperado por ser rescatado. Estos varios episodios gradualmente se apropiaron de una narrativa que había comenzado como una lista ordenada de mesas redondas en Norteamérica, degenerando en una telenovela latinoamericana. Sin embargo, esta quizás inevitable fusión de lo público y lo privado, lo político y lo personal, le haya dado a esta experiencia la dimensión complementaria que ultimadamente no podía ser vivenciada en lo abstracto.

Queda la pregunta de cómo juzgar la efectividad de un proyecto que existe en el intersticio del arte, la pedagogía y el ámbito social. Aún cuando esa tarea no me corresponde a mí, creo en la importancia de dar documentación detallada y de primera mano, y testimonios de una experiencia; ese ha sido el objetivo de este volumen. A todo lo largo del curso de este proyecto mantuve en mente la famosa cita, ya lugar común, de Bolívar: "he arado en el mar y he sembrado en el viento". Bolívar, desilusionado por el colapso de su sueño de la

Gran Colombia, supuestamente profirió estas palabras poco después de haber renunciado a la presidencia y a cualquier esperanza de traer la revolución al continente americano. Paradójicamente, la culminación de las vicisitudes de mi viaje tomó lugar exactamente en Villa del Rosario, el lugar donde Bolívar firmó la Constitución de la Gran Colombia*.

Durante el discurso inaugural de la EPD en Ellis Island, el 5 de mayo del 2006, leí las siguientes palabras:

> Hoy vivimos con base en la desconfianza, el miedo y la desilusión. Creo que en el arte, hoy, miramos hacia atrás porque hay una sensación de no haber futuro. Somos irónicos porque tenemos miedo de declarar nuevas verdades. Somos escépticos porque tenemos miedo al fracaso. Pero a veces hay que fracasar, y hay que ser propositivos, incluso ante el riesgo de estar equivocados. Yo creo que si hicimos todo lo que pudimos, no podemos decir que fracasamos.

Aquellas palabras eran sinceras en el momento en que las escribí. El deseo de ser propositivo y de generar un diálogo sincero con otros era parte de un sentimiento colectivo del momento, parte del cual contribuyó a la elección de Barack Obama a la presidencia, así somo el deseo, tanto en el Norte como en el Sur, de buscar un nuevo comienzo.

Pero Panamérica es un lugar de falsos comienzos e historias sin acabar, y éste sería también el destino de este proyecto. Aún cuando continúo pensando que la práctica social en el arte emergió como respuesta a la oleada de nihilismo del mundo del arte, heredada por la postmodernidad, no estoy seguro de creer aún hoy en las palabras de aquel discurso en Ellis Island. El fracaso es también de aquellos que hicieron todo lo que pudieron. Pero de cualquier forma, el proyecto se documenta aquí, no con el fin de presentarlo como un éxito o un fracaso, sino como lo que acabó siendo: una breve instantánea de un momento cultural de las Américas, asumiendo las contradicciones

---

* http://www.panamericanismo.org/updates.php?start=17

de su arte y sus ideas, representando, de la mejor manera posible, la topografía laberíntica de la tierra que tuve la oportunidad de cruzar.

Pablo Helguera
Brooklyn, USA
Marzo 2011

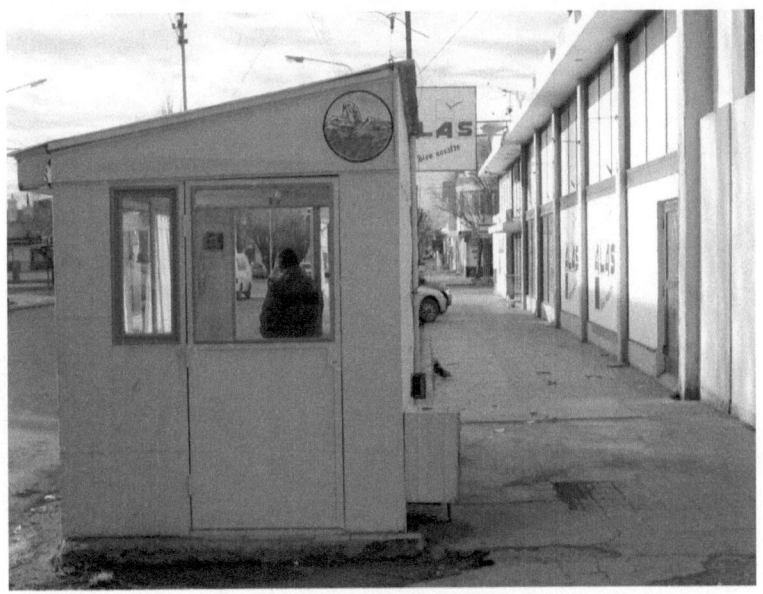
Río Gallegos, Patagonia

I.

CONTRIBUCIONES DE PARTICIPANTES

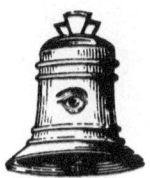

La ballena blanca

Aunque debo admitir que me perdí la primera clase de la Escuela Panamericana del Desasosiego (EPD), nunca olvidaré mi primer encuentro con *la Panamericana*: antes la camioneta de un electricista, blanca, con cuatro llantas nuevas y un chequeo que garantizaba, en teoría, un viaje seguro. Yo me convertiría en su principal conductor y guardián.

Después de empacar la escuela en Anchorage (unos cientos de kilos de lona y postes de aluminio), Pablo y yo nos dirigimos hacia Fairview (un barrio de Anchorage) para conocer a Marie Smith Jones, la última hablante de eyak, la lengua indígena del centro-sur de Alaska (Jones falleció en el 2008, y con ella el eyak también se extinguió). Este intento por conocer y capturar el lenguaje de esta mujer, o al menos un fragmento de él, determinó un importante componente histórico y documental de la EPD. Esta hablante de un antiguo pueblo bendijo nuestro viaje e inauguró lo que sería la prueba de fuego de Panamérica.

Cuando tomé el asiento del conductor, Pablo se mudó a su oficina en la parte trasera de la camioneta, donde una mesa plegable, reciclada de una alacena, servía como escritorio y las paredes amarillas, dobladas, de la escuela funcionaban como silla. Rápidamente tomamos buen ritmo y manejamos alrededor de dieciséis horas a través de una noche interminable.

De vez en cuando nos deteníamos a filmar, mirar el paisaje o darnos un baño en aguas termales. Como nuestro itinerario era apretado, yo manejaba a una velocidad de entre 120 y 160 kilómetros por hora (trabajando en la parte trasera, Pablo no parecía estar al tanto de nuestra velocidad). Se alcanza cierta perspectiva manejando así por largos periodos de tiempo, un estado elevado de conciencia, o por lo menos así se sentía –también pudo haber sido el café y el azúcar.

No fue sino poco antes de llegar a Whitehorse, en el Yukón, y después de haber manejado durante día y medio, que sentí que algo andaba mal con *la Panamericana*. Sospechaba que el medidor de aceite no estaba funcionando bien, a pesar de que la camioneta acababa de ser afinada. Nos detuvimos y checamos. Al revisar la varilla me di cuenta de que no teníamos aceite. La sed de nuestro caballo fue aplacada con casi tres botes de aceite en Whitehorse. Continuamos nuestro viaje –yo conduciendo como un maniaco poseído por el sentido del deber y un deseo de velocidad y Pablo tecleando furiosamente en su *laptop*.

La parada en Vancouver es la que más destaca en mi mente. Una vez que llegamos y enviamos *la Panamericana* al mecánico, nos fuimos directo a trabajar y a montar la escuela en la galería Helen Pitt. Una frase del documento colectivo presentado en la EPD se quedó conmigo: "Vancouver está ardiendo desde abajo" ("Vancouver is burning from below"). Esta frase expresaba, sucintamente, el resentimiento experimentado por los artistas locales y las comunidades no artísticas ante el incremento de la estratificación y las olas de *gentrificación* que entonces empezaban a extenderse, y hoy continúan apoderándose, de Vancouver. Tan hermosa como es la Columbia Británica, esta provincia es la vergüenza de Canadá cuando se trata de mano de obra y de artes. Tiene los salarios más bajos del país y el menor financiamiento per cápita para las artes. Las discusiones sostenidas en la EPD fueron un temprano indicador de muchos asuntos que se han exacerbado desde entonces.

Durante la mesa redonda que siguió al montaje de la Escuela, el historiador del arte Serge Guibault se hastió de los argumentos sobre los aspectos positivos de lo comunitario, como si eso fuera a resolver los problemas de Vancouver. Guibault cobró fuerzas y contó la historia de una comunidad en Francia que se unificó, funcional y prósperamente. El punto crucial en el relato de Guibault, residía en el hecho de que todos los miembros de esa comunidad eran fascistas.

Salimos hacia Portland día y medio después, luego de haber pagado una cuenta de dos mil dólares al mecánico. Porque resulta que habíamos conducido por tres días enteros sin pastillas de freno en las llantas traseras y con una grieta en la línea del freno delantero.

Mirando atrás, la EPD fue una aventura increíble, muy diferente a cualquier otro proyecto del que yo haya formado parte. Creo que tuvo impacto como obra de arte, como plataforma de enseñanza y como fórum social para que la gente lo aprovechara. Pero siento que todas estas funciones eran sólo parte de la prueba de fuego de Panamérica y sus ciudadanos culturales: a mis ojos, el viaje era un examen imposible de la idea de Panamérica. Recuerdo específicamente que Pablo me preguntó sobre mi identidad canadiense. Recuerdo que respondí muy orgulloso y nacionalista —creía que de algún modo mi país hacía del mundo un mejor lugar. No fue sino hasta que llevaba alrededor de tres cuartas partes de mi respuesta cuando me percaté del profundo sentido de identidad cultural que yo tenía. Es esta conciencia y autorreflexividad lo que la EPD provoca en muchos de sus participantes, a veces muy concretamente, a veces de manera más fugaz.

Sean Arden
Artista visual
Vancouver, Canadá
Febrero 2011

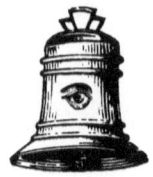

Ciudadanía, contingencia y el cuerpo social, desnudo o no

Cuando escuchamos que era posible que la épica Escuela Panamericana del Desasosiego (EPD) de Pablo Helguera hiciera una parada en Vancouver, la Helen Pitt Gallery Artist Run Center se encontraba en medio de un proyecto temático de un año de duración: *Investigando la multitud*. El proyecto, presentado como una plataforma de exhibiciones, ensayos y publicaciones impulsados por la investigación, fue concebido para abordar varios conceptos de "lo público" en relación con la práctica y producción del arte contemporáneo.

La EPD de Helguera, estructurada pedagógicamente, era una oportunidad tentadora, pues ofrecía un espacio social de discusión, debate y colaboración paralelo a las investigaciones más teóricas y estéticas de nuestro proyecto. El experimento de Helguera parecía el vehículo perfecto para ejecutar —no sólo representar— algunas de las principales nociones que habían surgido dentro de nuestra programación: ciudadanía, contingencia, cuerpo social.

Para cuando la EPD llegó a Vancouver, Pablo ya había puesto en marcha el proyecto en Ellis Island, Nueva York, y había completado la primera parte de la gira en Anchorage.

Su llegada incluyó relatos de su viaje por Alaska historias sobre los diversos paisajes y la vida silvestre; ya un intenso viaje dentro de los primeros días del proyecto. Mientras montábamos la escuela en la galería, escuchamos de su encuentro con Marie Jones, la jefa de la nación Eyak en Alaska y la última hablante viva de su lengua. Escuchamos el mensaje que le pidió a Pablo que transmitiera a otra mujer de la Patagonia, ella también la última hablante de una lengua indígena, en el polo opuesto de América. La geografía y la enormidad social del proyecto se estaba revelando ya, rápidamente, en una serie de extrañas y conmovedoras conexiones.

El proyecto de la EPD en la galería Helen Pitt involucró diversos elementos: un correo electrónico inicial para que los participantes invitados se presentaran entre sí y establecieran encuentros libremente; una mesa redonda sobre el clima cultural y artístico de Vancouver y su relación con el clima político, social y cultural de las Américas; un taller para crear la Declaración Panamericana de Vancouver y, finalmente, una Ceremonia Cívica Panamericana, además de una recepción de clausura. Una colección de películas, documentos, obras y piezas efímeras permaneció en exhibición en la galería después de que la EPD retomó la carretera.

Los colaboradores de la EPD que fueron invitados a dirigir la mesa redonda formaban un grupo deliberadamente incongruente de trabajadores culturales, todos ellos conocedores de la historia cultural de las Américas o de las condiciones sociales específicas de Vancouver. Los curadores Michèle Faguet y Charo Neville, el portavoz del Partido Trabajar Menos (Work Less Party) Conrad Schmidt, el artista Jeremy Todd, el proyecto St. George Marsh (Jacob Gleeson y Gareth Moore), el escritor Aaron Peck y el crítico de arquitectura Trevor Boddy, todos contribuyeron a estimular la discusión.

La mesa redonda, que tuvo lugar el 26 de mayo de 2006, fue una asamblea pública pequeña pero concurrida. La discusión giró esencialmente en torno a dos temas, muy presentes en Vancouver: los bienes raíces y la noción de comunidad/arte colaborativo. Se intentó imaginar estos asuntos dentro del contexto de las Américas. Las discusiones serpentearon, adhiriéndose apenas a las dos temáticas ya mencionadas. Aunque no recordamos todos los aspectos tocados en estas discusiones —sería imposible recordar esa madeja de perspectivas— algunas de las preguntas persisten todavía de forma muy clara: ¿Cómo es que el acto creativo/expresivo individual se relaciona con la comunidad? ¿Quiénes son los así llamados "públicos"? ¿De qué modo puede ser visto el arte dentro de una narrativa de los bienes raíces y la historia del uso de la tierra? ¿Hay maneras adecuadas o precisas de trasponer aprendizajes regionales a otras localidades u otros cuerpos comunales?

Los foros de la EPD en Vancouver fueron memorables tanto por el tino y la resonancia de sus cuestionamientos como por el hecho mismo de cuestionar. Es por ello que terminaron remitiéndonos al escritor francés Edmond Jabès, quien imaginó una inversión de la dinámica pregunta-respuesta. Según Jabès, es a través de la pregunta que la comunicación ocurre, una suerte de terreno compartido en medio del divisivo, severo y quizás indescifrable campo de la respuesta.

Un último recuerdo: un día después de la mesa redonda de la EPD, nos vimos con Neville, Peck, Boddy y Helguera para prepararnos para la Ceremonia Cívica Panamericana que tendría lugar en la noche. Escribíamos un discurso colectivo, el Discurso Panamericano de la Gente de Vancouver, para leerlo durante el evento. Entre salidas en falso, puntos de discusión y repentinos brotes de humor absurdo ("Mientras afirmamos nuestro derecho a pasear desnudos por Vancouver, a llamar eso "arte" y a rehusarnos a llamar eso "arte", también afirmamos el encanto de nuestras prótesis..."), muy pronto coincidimos en una serie de acuerdos y argumentos básicos. Al final nuestras sentencias se volvieron objetivas, aunque de algún modo colectivamente subjetivas.

Fue Aaron Peck el que nos recordó, en medio de este proceso, los incendios subterráneos de turba que ardían constante y prologadamente en algunas áreas de la ciudad. La imagen de esos incendios se convirtió en una metáfora ideal que recordar durante el paso de la EPD por Vancouver. Un sentido de urgencia común brota en este tipo de eventos, una particular efervescencia de opiniones e ideas. La emoción de contar con un espacio sin estructura para la discusión pública podía palparse entre el público, así como la frustración expresada ante la ausencia constante de un fórum como éste.

Lance Blomgren y Carey Ann Schaefer
Directores/curadores, Helen Pitt Gallery, 2005-06
Vancouver, Canadá
Marzo 2011

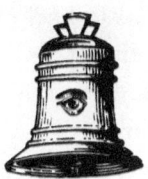

La Escuela Panamericana del Desasosiego visita Calgary

La Escuela Panamericana del Desasosiego (EPD) arribó a Calgary, mi pueblo natal, a las primeras horas de la mañana del 5 de junio del 2006. Su llegada fue precedida por un maratónico viaje desde Portland que incluyó un curso intensivo sobre la operación del Burning Man impartido por nuestro nuevo amigo Nick y una *pit-stop* para investigar una inquietante tierra fantástica compuesta por paisajes extraños y, en cierto sentido, ofensivos.

Después de dos horas de sueño, empezamos a levantar la carpa de la Escuela en el corazón del centro de Calgary. Calgary es una ciudad en constante crecimiento —canadienses de todo el país emigran a este sitio rico en petróleo en busca de oportunidades. Una muestra de esa migración se presentó mientras levantábamos la Escuela en la Plaza Olímpica de la ciudad, el lugar donde se entregaron las medallas durante las Olimpiadas de Invierno de 1988. Mientras armábamos la carpa, el parque estaba repleto de jóvenes que dormían, muchos de ellos empleados en alguna parte pero incapaces de pagar las infladas rentas generadas por el reciente boom económico y por la afluencia de personas que buscan trabajo.

Alberta es una región tradicionalmente conservadora. En contraste con el perfil político de la región, Calgary es la casa de ACAD, uno de los cuatro colegios nacionales de arte de Canadá, ubicado a una corta distancia del Banff Centre for the Arts. Hacer arte en un ambiente tan conservador como el de Alberta es una práctica implícitamente política y muchos artistas de la comunidad de Calgary mezclan conscientemente política y arte. Teniendo esto en cuenta, la EPD organizó un panel de discusión titulado "Arte político: la persuasión de la alienación". El panel estuvo compuesto por Grant Poirier, célebre artista y activista de la escena de Calgary; Don Simmons, instructor del ACAD trasplantado desde la Costa Este canadiense, y Mireille Perron, artista franco-canadiense y maestra en ACAD. Los panelistas y el público discutieron sobre la creación de un arte político en medio de un clima conservador como el de Alberta. Se habló de técnicas tradicionales, como el uso de cámaras de vigilancia para proteger a los manifestantes de la violencia (Grant Poirier), y se evaluaron los proyectos artísticos intervencionistas en espacios sociales (Don Simmons). El tema del panel fue particularmente relevante para la comunidad artística de Calgary. Al hacer arte en un ambiente tradicionalmente conservador, los artistas locales se enfrentan con frecuencia a las ramificaciones políticas del arte y a la dificultad de usar el arte para comunicarse con un público por lo regular poco familiarizado con el arte contemporáneo.

Tiempo después un crítico local criticaría el panel por no haber involucrado a la gente de Calgary –evidentemente este crítico no asistió a la proyección gratuita de video ni al taller celebrado al aire libre en el parque, a un costado de la carpa de la EPD. La declaración escrita por los participantes de ese taller contiene mi frase favorita: "Reconocemos la mitología de Calgary sobre el Oeste, la frontera, la promesa del oro negro, la prisa de hacerla a lo grande. También reconocemos que el mito es alimentado a lo largo de Panamérica –y que la frontera está siempre fuera de nuestro alcance."

Desde 2006, algunos materiales de la EPD han visitado Toronto, la ciudad donde vivo actualmente: documentos de la EPD fueron exhibidos en el XPACE Cultural Centre y en la Justina M. Barnicke Gallery. En ninguna de estas exhibiciones estuvo presente Pablo Helguera para impartir talleres, dejándome con la sensación de que el componente principal de la EPD había faltado. Sin la presencia de Pablo Helguera era difícil percibir una conexión entre Toronto y las otras regiones de las Américas.

Hoy sigo convencida de que el corazón de la EPD es su compromiso social, facilitado en buena parte por el afán de Pablo de crear nexos entre comunidades a lo largo de las Américas.

Gale Allen
Coordinadora en Norteamérica de la
   Escuela Panamericana del Desasosiego
Calgary, Canadá
Marzo 2011

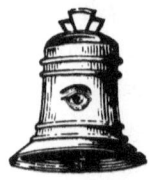

El desasosiego panamericano: esa mirada lejana en tus ojos...

El tipo de obra cultural que yo trafico puede volverse, con el tiempo, un tanto nebuloso. El diálogo lleva a la conversación formal, al diálogo, una y otra vez, girando sobre sí mismo. Aunque se arriba a los temas desde distintas historias, lo mismo individuales que colectivas, gran parte del trabajo realizado se ocupa de asuntos similares. Todo puede volverse un revoltijo. Lo que aleja a uno del oscuro, infinito callejón del cinismo es la gente. Las personas llenan estas historias, estos asuntos en apariencia similares; hacen que cada proyecto, cada pronunciamiento, sea distinto, aunque lo suficientemente familiar al último como para que se cree una continuidad palpable. Las vidas de las personas colman los proyectos, los completan y los vuelven reales. Alianzas y afinidades brotan. De lo contrario, todo es en vano, pura retórica, teórica y desconectada.

Pablo Helguera llegó a Portland, Óregon, como imagino que llegó a todas las ciudades en su itinerario: viajando solo, conociendo personas en el camino, pensando en asuntos de profundo interés para él, ganando, fracasando, creando conexiones directas e íntimas, dejando a otros atrás. Recuerdo haberme reunido con él poco después de que volvió de su viaje. Habiendo hecho yo mismo muchos largos viajes por razones descabelladas, su mirada en los ojos me era familiar. Pablo parecía estar confundido respecto a lo que había pasado. ¿Había logrado lo que se había planteado? No lo sabía. Pero recordaba todas las cosas desquiciadas que habían ocurrido y toda la gente interesante que había conocido — y también a los bastardos. Hablamos largo y tendido sobre cómo su camioneta había sido detenida en una frontera de Centroamérica y cómo su equipo fue confiscado y tuvo que comprarlo de vuelta a las autoridades. Habló de esa sensación de estar atrapado en el fin del mundo, incapaz de escapar de allí. Me preguntaba si él creía que de algún modo había fracasado. Quería decirle que necesitaba pensar sus metas de una manera completamente distinta. Pero era todavía demasiado pronto.

En cuanto al evento formal que tuvo lugar en Portland, la verdad es que no recuerdo mucho. Recuerdo haber estado sentado en una plataforma, hablando sobre cualquier cosa. Recuerdo que una mujer del público dijo que los estadounidenses se interesan muy poco en la política y que debían mirar hacia Hugo Chávez y Venezuela, donde cada ciudadano lleva consigo un ejemplar de la Constitución Bolivariana. Recuerdo que tomé la copia de la Constitución de Estados Unidos que guardo en mi bolsillo y sugerí que es mejor no hacer dicotomías tan generalizadoras cuando se habla de países y ciudadanos. No hay respuestas sencillas. Lo que recuerdo más vivamente, sin embargo, es haber hablado con Pablo y haberle preguntado qué había visto y cómo se había sentido hasta el momento en su viaje. Le pregunté qué tenía planeado y qué deseaba conseguir. Recuerdo haber hablado, escuchado, compartido bebidas y comida con otros y haber meditado sobre las complejidades de un proyecto que viaja una distancia tan larga, que se exige tanto a sí mismo y a sus participantes que corre el riesgo de no dejarse ser algo distinto de lo que planea ser.

Por esas mismas fechas el artista Michael Rakowitz intentaba completar otro largo viaje: revivir Davison's, el negocio de importación/exportación de su abuelo, en su barrio original, Brooklyn. Su proyecto se titulaba *Return* y pretendía importar dátiles iraquíes. Su familia, judíos iraquíes exiliados, abrió la tienda en Atlantic Avenue a finales de los 1920s y ésta vendía, entre otras cosas, dátiles. Los dátiles son extremadamente importantes en la cultura iraquí. Frecuentemente uno de ellos es puesto dentro de la boca de un recién nacido con el fin de que este pueda probar la dulzura del país desde su primeros días de vida. Cuando Michael se propuso reabrir la tienda, los dátiles iraquíes no habían puesto pie en Norteamérica, oficialmente, en los últimos quince años (debido al embargo a los productos iraquíes impuesto durante el primer periodo de Bush). Durante el embargo los dátiles habían llegado a Estados Unidos de una forma complicada

–por ejemplo, cultivados en Iraq, procesados en Siria, enlatados y etiquetados en Líbano y embarcados a y vendidos en Brooklyn, Nueva York. El plan de Michael era establecer el primer negocio que vendiera dátiles iraquíes como tales en Estados Unidos desde la Guerra del Golfo. No fue fácil. Los dátiles se quedaron detenidos en enormes embotellamientos en la frontera de Iraq. Sin los documentos necesarios de parte del gobierno provisional, los productos fueron devueltos por soldados estadounidenses. Se pudrieron en el camino. Mientras tanto, *yuppies* de Brooklyn Heights, inmigrantes iraquíes y *brooklynianos* de todo tipo llegaban a la tienda, esperando los dátiles, anticipando su llegada, y cada día se les contaba exactamente en qué parte del camino estaban éstos detenidos. Todo esto tuvo que haber sido difícil para Michael en ese momento. Fue especialmente duro para los curadores del proyecto: esa cosa que estaba a punto de suceder no sucedía, esa cosa estaba fracasando. Pero no estaba fracasando. Mientras más tiempo pasaba Michael hablando con la gente que entraba a la tienda, más se daba cuenta de lo mucho que mejoraba su proyecto. Él le describía la demora a las personas —y las analogías con los costos humanos de la guerra eran obvias. Dátiles, gente: todo queda atrapado en la burocracia. A veces se pudren y mueren, y sin embargo siempre existe la posibilidad de un dulce regreso, de probar tu primer dátil iraquí desde que abandonaste tu país. El proyecto de Michael, como el de Pablo, se extiende hasta hoy: vive en las discusiones que ha generado, vive en la memoria de las personas que lo experimentaron. Todos nosotros, de hecho, estamos esperando continuamente su arribo. (En realidad, ni siquiera este libro conseguirá llevar a su fin la Escuela Panamericana del Desasosiego, sin importar cuánto lo desee Pablo.)

Es en la gente que conocemos y con la que convivimos donde las minucias de nuestros ideales encarnan —viven, respiran y se expanden en la vida de los otros, incluso invisible y misteriosamente. Nuestros planes sólo están para disolverse al contacto con estas interacciones, no para dictarlas. Nuestros planes son la energía que la gente que conocemos consume, y pone en movimiento, para que así nosotros podamos empezar nuestro camino hacia el horizonte.

Sam Gould
Red76 Arts Group
Portland, USA
Marzo, 2011

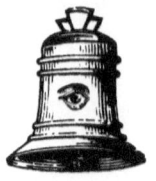

Intersecciones

Supe de la EPD por Sofía Olascoaga. En ese entonces, yo editaba y coordinaba la distribución de Bulbo Press, una publicación sobre cultura urbana. Sofía había colaborado para la revista y me ayudaba a colocarla en la Ciudad de México. Cuando me dijo que buscaban a alguien que ayudara a la EPD manejando desde Mexicali hasta Toluca me apunté para hacerlo. El proyecto se me hacía raro y fascinante por todo el trabajo de planeación y esfuerzo de tanta gente. Además, de niño acompañé a mi padre en innumerables viajes por carretera al interior del país y la idea de volver a recorrer esos parajes y reconocerlos era lo que más me animaba a hacerlo. Mi preparación para el viaje consistió en estar descansado y no comer harinas ni maíz para evitar la modorra durante la manejada.

Mientras veíamos detalles del viaje, surgió la idea de hacer una mesa de diálogo entre personas de Tijuana y Mexicali sobre los contrastes y mitos urbanos entre ambas ciudades. Participaríamos en el diálogo representando Tijuana un par de personas que sugerí, y yo mismo. Llegó el día, Pablo me recogió en San Diego y nos fuimos directo a Mexicali sin pasar por Tijuana. Cuando llegamos se empezó a preparar todo para la presentación y mis invitados, que una noche antes estaban confirmadísimos y llegarían por su cuenta, no aparecieron. Fue un momento bastante bochornoso, pues apenas iniciaba el viaje y sentía que lo hacía con el pie izquierdo. Afortunadamente Pablo se adaptó hábilmente a las nuevas circunstancias.

El calor seco y una carretera angosta fueron nuestra puerta de entrada a Sonora. Pablo trabajaba en su *laptop* la mayor parte del tiempo. El camino transcurrió sin incidentes hasta que en la segunda noche, al adentrarnos en Nayarit, la comodidad de la autopista dio paso a una terracería sin señalamientos y cortinas densas de polvo. No había otra opción que llegar a dormir a Tepic. En un estado físico más allá del cansancio, empecé a sentir mucha empatía por los choferes de los otros vehículos que circulaban despacio debido a sus pesadas cargas. Un simple vistazo a nuestra camioneta mostraba un montón de tubos y lonas como carga y equipaje. Me encantaba la idea de que esa estructura cobrara otro sentido al ser habitada por el proyecto del Panamericanismo. Rodeados por sombras colosales, nada hacía pensar que en lugares distantes hubiera gente aguardando entusiasmadamente la llegada de la EPD.

Lagos de Moreno fue un grato descubrimiento, enroscado en sus tradiciones. Fue como hacer un corte en el tiempo de nuestro andar apresurado. La amabilidad de Carlos Helguera borró el cansancio de toda memoria del viaje. Hombre emprendedor, apasionado y muy activo, convocó al público en la Casa de la Cultura. La mesa fue un tanto informal pero con mucho interés por parte de maestros y artistas. Pablo, que desde el principio me dio la impresión de ser un hombre antiguo, fungió como un eslabón entre las artes tradicionales y la práctica del arte contemporáneo.

El día siguiente coincidió con las elecciones presidenciales. Acudí a una casilla especial en Lagos. La esperanza de un cambio profundo se había hundido con la presidencia de Vicente Fox y en ese momento se presentaba nuevamente la oportunidad de hacer una diferencia. Las elecciones ese año fueron cerradas, controvertidas y polarizaron a la sociedad.

En Toluca, dejé el volante para tomar una cámara de video y registrar los diálogos. Me tocó también ayudar a armar la instalación de la EPD; era un trabajo que requería la mano de al menos tres personas. Disfruté mucho del trabajo en equipo, ya que las voluntades se van sumando por un fin común. A la fecha, pensando en la EPD, no deja de asombrarme el poder de una sola persona para incidir en una vasta red continental. El valor de realizar estos diálogos para conectar regiones muy distanciadas se debe a lo que se tiene en común. La participación y tolerancia para llegar a acuerdos eran imprescindibles y son hoy día requisitos muy vigentes dadas las actuales circunstancias de violencia, temor y desconfianza en México. Realizar un viaje como el de la EPD por algunas regiones del país hoy día sería muy peligroso.

El año pasado me tocó uno de los llamados "narco-bloqueos" en el estado de Michoacán. La participación y la capacidad de conectarnos con las personas en nuestro círculo inmediato ayudarán a construir relaciones más sólidas y propositivas.

Juan Navarrete Pajarito
Bulbo Press
Tijuana, México
Marzo 2011

Deseo expresar mi agradecimiento a Pablo Helguera, Sofía Olascoaga, y mis compañeros de Bulbo por su apoyo y confianza.

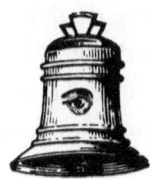

Gastronomía y tradición:
La EPD en Puebla, Julio 2006

La EPD encontró un espacio de diálogo en la barroca Puebla de los Ángeles.*

En el Zócalo de la ciudad se presentó el Himno Panamericano — en voz de Pablo Helguera acompañado por la Orquesta Típica del Estado de Puebla. La asistencia al proyecto en Puebla fue de la comunidad vinculada a las artes visuales y de públicos disímiles que transitan diariamente por una plaza pública como lo es el Zócalo.

Posterior al Himno y a la instalación de la Escuela, se presentó un debate que cumplió con el propósito de generar un diálogo sobre temas de interés de la comunidad. Se discutió la tradición culinaria, los rituales y cómo éstos revelan nuestra particular sociedad poblana.

Los participantes más importantes fueron Eduardo Merlo, arqueólogo y cronista, y José Iturriaga, historiador, ex Director General de Culturas Populares del Consejo Nacional para la Cultura y las Artes (CONACULTA), premiado autor de 27 libros sobre gastronomía y temas similares. Una de las ideas de partida, fue que la gastronomía es reflejo de su época y contribuye a la construcción de la identidad cultural; refleja usos, costumbres o modos de vida. La cocina regional representa una totalidad cultural, por lo que el contacto con la misma favorece la comprensión de una sociedad y su entorno.

Las preguntas fundamentales cuestionaban si Puebla se distingue

---

* La EPD en esta ciudad fue apoyada por el Ayuntamiento de Puebla a través del Instituto Municipal de Arte y Cultura, de la Secretaría de Cultura del Estado de Puebla (Dirección de Música, Dirección de Museos), la Universidad Iberoamericana Puebla y la Universidad de las Américas, Puebla.

por su cocina, sobretodo, sabiendo que en la actualidad buena parte del turismo se desplaza en pos de delicias gastronómicas: ¿Por qué habría la gastronomía poblana de adaptarse a nuevos mestizajes? ¿Por qué habríamos de aceptar nuevas aportaciones gastronómicas de otros países? José Iturriaga mencionó que la cocina mexicana es un fenómeno cultural, relacionado con la historia, con la memoria y con las tradiciones, sin embargo también presenta una evolución natural.

La cocina tradicional mexicana se remonta tres mil años a la época de los Mayas. Esta riqueza cultural ha estado expuesta a influencias y fusiones como la cocina indígena al asociarse con ingredientes europeos sin perder su identidad. En la actualidad, y a pesar de la llamada Alta Cocina Mexicana, los ingredientes de base siguen siendo el maíz, el frijol y el chile. El mole y la tortilla –por ejemplo– se comen tanto en la casa más humilde como en el restaurante de lujo. La cocina popular mexicana se eleva a la alta cocina. Iturriaga comentó que en México, los platillos *gourmet* vienen del pueblo por su relación genealógica con el maíz y de su mestizaje con la gastronomía española a partir del siglo XVI. Según él, la comida es genuinamente democrática: cocinar es un acto cultural y se manifiesta en todas las clases sociales.

Eduardo Merlo, por su parte, abordó el tema histórico del mole, platillo típico poblano con una destacada participación en el desarrollo histórico cultural mexicano. Ambos especialistas mencionaron que la comida en México representa, fundamentalmente, una tradición en transformación. Las costumbres siguen el compás que impone la modernidad, sin embargo los mexicanos mantienen su identidad a través de expresiones o manifestaciones culturales tales como la comida. El evento finalizó con una degustación de mole.

Cabe mencionar que recientemente (noviembre 2010) la UNESCO ha proclamado a la comida mexicana como Patrimonio Cultural Inmaterial de la Humanidad. Sirva esta declaratoria para impulsar los esfuerzos en la instrumentación de programas para procurar la preservación y la promoción de nuestra cocina y este encuentro de la EPD en Puebla, para recordar que el vasto patrimonio tangible e intangible de los pueblos y de los grupos sociales es dinámico. La gastronomía, como una manifestación cultural, está vinculada a modos de vida y al desarrollo social como fenómeno de ampliación de las opciones de las que disponen las personas.

>   Xavier Recio Oviedo
>   Curador independiente
>   Puebla, México
>   Marzo 2011

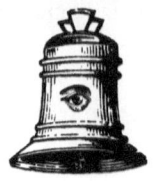

Visita de la EPD en la Península de Yucatán

Para sellar la llegada de la EPD a Mérida, se organizó una ceremonia en el Centro Cultural, donde el Himno Panamericano fue interpretado por la Escuela de Música y dirigido por el director del mismo lugar. La ceremonia fue completamente oficial: estaban presentes, entre estudiantes y maestros de la escuela, el Secretario de Cultura de Yucatán y la Secretaria Académica de la Escuela Superior de Artes de Yucatán. Nadie vaciló en ponerse de pie para cantar el Himno. Todo fue serio, solemne, con respeto a la oficialidad, aunque seguramente en el fondo la mayoría se preguntaba de qué se trataba todo eso. Recuerdo que Pablo comentó que fue el lugar donde se hizo la ceremonia más oficial y no sé si fue algo que entraba o no dentro de sus expectativas. Yo interpreté que tenía que ser una ceremonia a la que había que dotar con la mayor solemnidad posible, también porque intuí que era la única forma a través de la cual los presentes iban a participar.

No recuerdo el impacto que tuvo en la gente, me imagino que más bien hubo cierto desconcierto. Sí recuerdo haber tenido que convencer al director de la Escuela de Música para ensayar y dirigir el Himno que encontraba que era "muy mala música".

Al taller se inscribieron algunos alumnos y maestros de la Escuela Superior de Artes de Yucatán (donde yo era directora). Creo que conocían a Pablo de nombre, también el hecho de venir de Nueva York era razón para querer estar en el taller. A raíz de ahí los estudiantes, y en particular Debora Carnevali, tomaron la iniciativa de hacer sesiones de crítica del trabajo artístico producido en Yucatán, ya que en la discusión llegaron a la conclusión que era una actividad que no se practicaba en el medio.

> Mónica Castillo
> Directora ESAY 2004-2007
> Mérida, México
> Marzo 2011

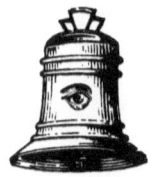

La EPD y su legado afectivo-educativo

Escribir este texto 5 años después de mi experiencia como colaboradora de la Escuela Panamericana del Desasosiego (EPD), exige destacar, con las implicaciones de la distancia, aspectos del proyecto que considero relevantes para seguir reflexionando. Cabe señalar que este escrito dista de plantearse como un análisis estricto y exhaustivo de la pieza, y que se entiende más bien como un ejercicio anecdótico-reflexivo y, ojalá, productivo para aproximarse hoy al proyecto. Me interesa en particular plantear preguntas en relación a la cualidad de la red de relaciones articulada entre colaboradores profesionales y afectivos vinculados al complejo desarrollo de la EPD; reflexionar sobre el rol que Pablo se auto-asignó como artista y autor del proyecto, y sobre los procesos pedagógicos que orquestó desde dicha función; plantear la problemática de la documentación y representación de este proyecto, pues su desarrollo ocurrió en gran parte en la dimensión vivencial, tanto de Pablo, como de todos los involucrados.

    Cuando, en 2006, Pablo me invitó a tomar un café una tarde en la Condesa, no sabía lo que se traía entre manos. Me contó la propuesta de la Escuela Panamericana del Desasosiego y me invitó a colaborar fungiendo como coordinadora de los eventos que sucederían en México. Para cuando me dí cuenta, ya me había entusiasmado y le había dicho que sí, sin tener en realidad muy claro de qué trataría mi trabajo. Fue una de esas decisiones que se toman por intuición, y con la claridad de un sí rotundo, con las ganas desde el estómago y el corazón de formar parte de algo; y quizá también, por el inevitable efecto de contagio del entusiasmo de Pablo.

    Me interesaba observar desde cerca la forma de trabajar de Pablo. Me intrigó desde que lo conocí, poco tiempo antes. Su particular perfil profesional, que integraba la producción artística y el trabajo como gestor educativo en museos. Esa combinación me interesaba profesionalmente y, hasta entonces, la mayoría de la gente que tuve cerca durante mi formación, había insistido en que era imposible combinar dichos intereses. Yo quería conocer su versión al respecto. Esto viene a cuento pues creo que la EPD es un proyecto en el cual Pablo apostó a maximizar la articulación de sus intereses conceptuales, vivenciales, educativos, emotivos, idealistas, gerenciales, performáticos, musicales y discursivos, entre varios otros, quizá más o menos explícitos.

¿De quién fue el proyecto? ¿Para qué y para quién? Sin duda alguna, el primer observador de este proyecto, su instigador, su espectador y ejecutante, fue el mismo Pablo. También fue pensado y articulado, en distintos niveles, para los que participamos en la organización y el hospedaje del proyecto viajero. Para los que atendieron los talleres, pláticas y conciertos; los que se dejaron seducir, los que decidieron jugar a Panamérica, al sueño y al pretexto. En términos operativos, es de llamar la atención el gran número de recursos que a partir de la EPD se echaron a andar: económicos y sobre todo personales, de organismos privados e institucionales, mediáticos, individuales, temporales, y a través del apoyo de participantes, también de los interlocutores que en cada sede mediaron la planeación, y la identificación con la escena local. Me parece importante destacar que en este gran despliegue, la función incansable de Pablo fue la de orquestar no sólo lo operativo, sino también sobresalió la inversión afectiva notable en el entusiasmo de los que se asumieron como cómplices de su proyecto, como anfitriones de la Escuela y seguidores de las propuestas de Pablo para cada evento. Entre colegas, amigos y cómplices, se compartió el gusto y la convicción de participar seriamente en esta empresa, aún cuando quedaba claro que en algún lugar tocaba los límites de lo improbable, y del absurdo.

El proyecto logró un particular balance entre la articulación de una gran red operativa, un despliegue organizativo virtuoso casi acrobático y, por otro lado, la inversión puntual de recursos acorde con la dimensión de cada sede, y sobretodo enfocada en la activación de vínculos locales con calidad humana y con disposición a afectarse y transformarse. Otro importante punto de balance, reside en que los eventos no se gestaron únicamente en el marco del "mainstream" sino a partir de redes ligadas a espacios visibles en otro tipo de circuitos: espacios públicos, centros manejados por artistas, universidades, y otras combinaciones del género "independiente", centros de producción cultural con una escala más cercana a la humana; fomentando la diversidad de públicos que convocó en cada lugar. Al menos en el recorrido en México, operó tanto en una plaza pública en Puebla, como en un salón de clases de dibujo en Toluca, y en dos reconocidos espacios institucionales en la Ciudad de México. Una combinación entre foros de visibilidad artística legitimada y situaciones cotidianas en las que la presencia de la EPD casi se diluía.

¿Qué posición asumió Pablo como artista? ¿Desde dónde gestó su relación con los participantes, con sus interlocutores, y con *cada* comunidad? Pienso que este proyecto tuvo varios ejes de sentido en su desarrollo: por un lado, la dimensión vivencial del propio viaje de Pablo, de auto imponerse una experiencia personal límite, quizá de un cierre de ciclo, de poner a prueba el impulso utópico y la ejecución concreta de una idea. Por otro lado, el proyecto exigía un claro despliegue de energía colectiva, y en el camino fue orquestando una serie de diálogos muy diversos en situaciones y con personajes disímiles. Ante este aspecto es inevitable preguntarse: ¿Qué se quedó en cada lugar? ¿Qué dejó en el camino? En la mayoría de los encuentros y pláticas organizadas en las sedes a las que pude asistir quedó claro que se partía del intercambio ya existente entre los miembros de ese contexto y, sin embargo, ante la iniciativa y orquestación de Pablo, se crearon encuentros con un orden distinto al habitual con la posibilidad de aproximar temas olvidados, vetados, u obviados; como una excusa para activar diálogos entre personajes y representantes que quizá habían dejado de interactuar. Desde mi punto de vista, a través del programa de la EPD se originaron pretextos para retomar y reconfigurar previas conversaciones, con la distorsión del hábito y la apertura de nuevas articulaciones, que proporciona la presencia de alguien externo.

¿Cómo reconstruir hoy la dimensión de este proyecto? ¿Será posible llegar a representar el proyecto en su totalidad? Sin duda este libro es un apreciable intento para hacerlo. Sin embargo, considero pertinente plantear la paradoja que presenta por una parte, la necesidad de registrar la totalidad de un evento de tales dimensiones, y por el otro, la naturaleza limitada y limitante de las propias herramientas de documentación de la experiencia. ¿A partir de qué documentos y fuentes es posible representar hoy la experiencia de la EPD? Podría decirse que el único que vio todo en primer plano fue Pablo. La documentación fotográfica, en video, en bitácora, se realizó en forma rigurosa y sistemática y, sin embargo, la realidad es que inevitablemente se perdieron algunos eventos y trayectos. Pues hubo momentos que quedaron sin registrar, se extraviaron algunos *cassettes*, y a la mitad del trayecto se perdió el disco duro de la computadora que Pablo llevaba consigo, etcétera. Aún así, lo que vio Pablo fue desde su punto de vista, y con la atención puesta en lo que tenía que resolver. Por ello, hace sentido que para esta antología se recuperen las visiones de algunos de los participantes. Personalmente, creo que la imagen ideal para representar la EPD sería la de un mapa que contextualizara el recorrido geográfico y el vivencial, el colectivo y el individual, el del esqueleto operativo y el de los contenidos, y que reconstruyera metafóricamente parte de la red que el propio proyecto hizo operar en su momento.

Desde la posición operativa y afectiva desde la cual colaboré, puedo decir que este proyecto me marcó en mi desarrollo. Me permitió reconocer las inquietudes que ya tenía presentes, sin saber que existía la posibilidad de integrar el arte, la educación, la curaduría, el proceso organizativo y artístico, y la participación en un debate ampliado sobre la inherente dimensión política de la producción cultural. Aprendí a mirar, a cuestionar, a identificar y a experimentar distintas formas de relacionar el proceso artístico y educativo. La experiencia en la EPD me instigó a cuestionar de forma activa los límites disciplinarios y a utilizar el juego y el compromiso con el público para hacer una apuesta sobre lo posible, sobre lo transformable, y demostrarlo. Después de que terminó mi participación en el proyecto, continué con mis propias investigaciones, y empecé a toparme con el giro educativo, con el trabajo con comunidades específicas, con la educación en museos, y se volvió mi campo. El diálogo que empecé a ejercitar con Pablo a lo largo del desarrollo de la EPD no ha dejado de mantenerse activo. En algunas ocasiones ha continuado a través de nuevos encuentros y colaboraciones; en otras, ha llegado a incorporarse a mi proceso en forma de un diálogo interno, en el cual resuenan las preguntas y conversaciones que surgieron durante mi colaboración en la EPD. Pensándolo a distancia, puedo decir que el ejercicio constante de retar los límites disciplinarios, y el de reinventar formatos para el diálogo y el encuentro que hoy forman una parte central de mi proceso, son parte del legado que me dejó el haber formado parte de esta Escuela.

        Sofía Olascoaga
        Coordinadora de la EPD en México
        Ciudad de México/Nueva York
        Abril 2011

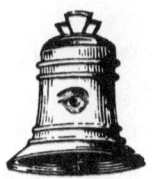

Deriva y vigencia de las utopías
Cinco años después de la Escuela Panamericana del Desasosiego

"Desasosiego" es una palabra que abre el apetito a la tristeza, a la melancolía y al miedo paulatino que ha de llevarnos a la aflicción y la ansiedad. Hasta donde la he experimentado, hace bailar a la imaginación antes de precisar el evento. Así, la sola mención de esta palabra fue la que me motivó a decir que sí a la Escuela Panamericana del Desasosiego (EPD), el proyecto de Pablo Helguera que lo llevó por todo el continente y lo hizo llegar a mediados del mes de julio de 2006 a la ciudad de Guatemala.

Para entonces, me encontraba planificando un proyecto relacionado con los desplazamientos migratorios de centroamericanos hacia el Norte. Cuando se piensa en el fenómeno, generalmente se sitúa en el paso entre México y Estados Unidos. Diversas formas de narrar las historias de estas latitudes se han encargado de provocar una percepción de frontera vinculada a la eterna dificultad de convivencia cultural y un balance imposible entre lo legal y lo ilegal. En ese entramado apenas existen las historias de quienes inician y dan cuerpo al fenómeno. Es decir, las de los miles de guatemaltecos, salvadoreños y hondureños que se van cada año a los Estados Unidos porque se ven aquejados por situaciones políticas y económicas que les empujan a dejar su país, a su familia y sus referentes de identidad. Por ello, me pareció que la experiencia de Pablo Helguera podía entrar en sintonía con algo situado más allá de la problemática migratoria: sensibilizar y reflexionar sobre esa necesidad humana del viaje, sea cual sea la naturaleza de su motivación inicial, la de los aprendizajes intermedios y la del fin del viaje.

La EPD no era un proyecto sobre las migraciones como las entendemos hoy día. Por otro lado, la noción de panamericanismo siempre saca a relucir una serie de contradicciones bien conocidas. Si fue producto de intereses diplomáticos, políticos, económicos y sociales para fomentar las relaciones entre los países de América, las intervenciones de Estados Unidos en el área de Centroamérica y el Caribe, y el desarrollo de la Guerra Fría, establecieron una relación histórica menos que amigable. Sin embargo, no es hasta ahora que me atrevo a decir que había cierta noción de *deriva* en la EPD, como algo incompleto, que, sumado a la palabra desasosiego, resultaba provocador. El viaje me hizo pensar en los Situacionistas franceses, para quienes la *deriva* era una técnica de paso ininterrumpido a través de ambientes diversos, donde la parte aleatoria de la *deriva* es menos determinante de lo que se cree; existe un relieve psicogeográfico de las ciudades, con corrientes constantes, puntos fijos y remolinos que hacen difícil el acceso o la salida a ciertas zonas. En un proyecto como el que propuso Pablo Helguera, era necesario dejarse llevar por los caminos de siempre para provocar un nuevo acercamiento a los puertos que dejamos de visitar hace mucho tiempo. Por obvios, por demenciales, por ser espacios de quimeras de los cuales decidimos exiliarnos. Por ser ese espacio que identificamos como Latinoamérica, esa casa grande de donde nadie ha salido ileso.

Pablo Helguera nos embarcó en este viaje para repensar el territorio de Norte a Sur y hacer coincidir sus extremos. Era imposible no hacer conexiones con los sueños de libertadores y cronistas de distintas épocas, de escritores, poetas, músicos, artistas y caudillos democráticos que han repasado el continente para reconocer y reconstruirse a través de sus ruinas. Imposible no pensar en el mapa de Torres García que permitió soñarlo con una fuerza de gravedad inversa o en la película de Walter Salles, *Diarios de motocicleta*, que nos recordó que hay cierta permanencia del concepto mismo de América Latina. Dentro de una carpa escuela que se armaba y desarmaba en cada punto del viaje, flanqueada con la bandera de los desasosiegos y la desigualdad, nos sumamos a un viaje que buscaba cierta vigencia de las utopías.

Rosina Cazali
Curadora independiente
Ciudad de Guatemala, Guatemala
Marzo 2011

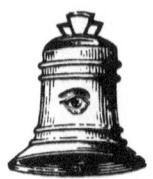

La Escuela Panamericana del Desasosiego: la camioneta emblemática

Estoy esperando a Pablo Helguera en Las Chinamas, la frontera que divide a Guatemala de El Salvador. Este artista mexicano, que vive en Nueva York, recién ha presentado su Escuela Panamericana del Desasosiego (EPD) en la ciudad de Guatemala. El Salvador, el próximo país anfitrión de la EPD y el pulgarcito de América, es una parada obligatoria en este proyecto artístico y pedagógico.

Veo un punto blanco cruzando el puente de la frontera. Es la inconfundible camioneta que transporta la estructura de la EPD. Pablo Helguera y yo nos damos un cálido abrazo y charlamos un rato antes de pasar por la agencia migratoria. Aunque hemos preparado los documentos que nos dio la Universidad y en los que se explica el proyecto, la entrada al país es un tanto pesada, ya que nos lleva cierto tiempo explicar todo de nuevo y en términos simples, nada intelectuales, al agente migratorio.

Finalmente volvemos a la carretera y continuamos nuestro viaje por la ruta Panamericana. Paramos en el restaurante La Pupusa Loca para comer algunas pupusas, un platillo típico salvadoreño. Otro artista nos espera ahí, Ronald Morán. Mientras disfrutamos de la comida, Pablo documenta, con su cámara, el espacio y el ambiente del restaurante. En nuestro camino a la Universidad hablamos sobre asuntos generales relacionados con el proyecto, sobre su desarrollo antes del arribo a El Salvador, sobre detalles de la instalación, de la conferencia, etcétera.

Llegamos a la Universidad Dr. José Matías Delgado. Ahí nos espera el licenciado Hugo Martínez, coordinador de la Escuela de

Artes Aplicadas y encargado de la logística de la EPD. Él es el único que se ha comunicado con la EPD y el que ha facilitado su llegada a San Salvador. El momento de retirarnos llega una vez que instalamos la estructura de la Escuela en la Universidad. Pablo, después de tantos kilómetros de manejar su camioneta blanca, está visiblemente cansado.

El día siguiente trae consigo la inauguración de la EPD. Los estudiantes y la comunidad universitaria están frente a la Escuela de Artes Aplicadas, especializada en diseño gráfico, artesanal y ambiental. Pablo afina los últimos detalles y, luego de dar algunos agradecimientos, lee el Discurso Panamericano de San Salvador. Regala una serigrafía de la EPD al director de la Escuela de Artes Aplicadas y canta el himno de la EPD, que la comunidad universitaria tararea sin entenderlo, cruzando miradas, pero siempre atenta al evento.

Finalmente, las campanas repican al estilo *independentista* y traen más vida al evento. Con ellas inicia el ciclo de proyecciones al interior de la carpa desmontable amarilla, así como la charla de Pablo acerca de los videos presentados.

A mediodía comemos con otros artistas locales (Walterio Iraheta, Ronald Morán, Teyo Orellana) en un mercado cuya atmósfera es aderezada con la música de una banda. Volvemos al campus de la universidad y nos reunimos en la sala de usos múltiples donde tendrá lugar la parte central del programa: un debate acerca de los usos y desusos del arte salvadoreño. Cuando Pablo presenta el proyecto de la EPD, nadie lo interrumpe, todo mundo muy atento a la presentación. Para terminar con ese silencio sepulcral, se presentan algunos videos de artistas internacionales cuyas propuestas artísticas tienen que ver también con temas relevantes en el complicado contexto latinoamericano. El tiempo vuela y los estudiantes, fascinados con las explicaciones de Pablo, se interesan más por el contenido de los videos que por el contexto salvadoreño.

Cuando desmontamos la carpa de la EPD, Pablo y yo hacemos una breve pausa. Yo le doy, de manera muy solemne, un botella de un licor artesanal local llamado chaparro (cortesía de Teyo Orellana) y Pablo acepta de manera muy reverencial el licor.

El día está por terminar y tenemos que empacar la estructura de la escuela. Al día siguiente revisamos la camioneta para asegurarnos que todo esté en orden para continuar. Nuestro viaje con Pablo termina en una gasolinería en las afueras de San Salvador, donde yo me despido no sin antes dejarle una frase escrita en el interior de la camioneta. La camioneta desaparece en mi espejo retrovisor.

José Rodríguez ("Chepe")
Artista
San Salvador, El Salvador
Marzo 2011

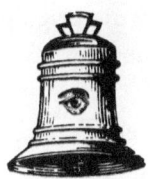

Cruzando el mapa: memorias del Himno del Crepúsculo*

La primera vez que escuché de la Escuela Panamericana del Desasosiego (EPD) fue a través de Luis Croquer, uno de los colaboradores del proyecto en Nueva York. Para ese entonces yo sólo había visto la obra de Pablo Helguera en la 8a Bienal de La Habana y había leído algunas de sus crónicas en *Artnexus*.

Unos pocos meses después de saber del proyecto recibí un mensaje. Era una propuesta de la EPD. A partir de ese momento, el equipo de nuestra organización Mujeres en las Artes se preparó para posibilitar ese viaje.

Luego de intercambiar varios mensajes sobre cómo desarrollar y divulgar el proyecto, nos pusimos manos a la obra para hacer que el viaje de la EPD a Honduras se volviera realidad. Sentí que juntaba las piezas de un complejo rompecabezas. Teníamos que tener en cuenta un factor bastante inusual: cómo mover la estructura literal y conceptual de la EPD en la esfera pública. Este fue uno de los retos más significativos para nosotros como facilitadores locales del proyecto.

Una y otra vez nos preguntamos acerca del posible impacto de la EPD y sobre cómo los artistas conectarían este proyecto con su propio contexto. También teníamos muy presente la relevancia de esta dinámica reflexiva dentro de la larga historia del panamericanismo, sobre todo en un país como Honduras, con su latente diversidad cultural dentro de la geopolítica social de Centroamérica.

La instalación social, política y cultural de la EPD jugó un rol

---

* El título de este texto está inspirado en el *collage* de Pablo Helguera "Evening Hymn" (2007). Para una imagen del *collage*, ver página 42.

determinante. Rodeada por los edificios públicos más importantes de la vida política y religiosa de Tegucigalpa, la Plaza Merced connota aquello que el mismo Helguera anotó en su diario el día 66:

> La Plaza de la Merced en Tegucigalpa es el epicentro de la ciudad, el comercio, la vida pública, y los problemas urbanos de la vida hondureña. Los indigentes que rodean la plaza estaban ansiosos por desmantelar la escuela por cuenta propia para usar los materiales para sus chozas. Una mujer me preguntó si yo era evangelista. "porque aquí todos somos católicos, ¿sabe?". Otra mujer me imploró que ayudara a su hija enferma, "porque no tenemos acceso aquí a gente importante como usted". El abrumador rio de peticiones era de toda índole, desde monetarios hasta laborales y espirituales. La frustración, la sensación de abandono, era sobrecogedora. En los países del Norte, el público tenía el lujo de preguntar si esto era arte; aquí venía a saber si podían encontrar algo a lo que sujetarse.

Hasta ese momento la EPD había tenido un gran eco. Tanto la ceremonia de clausura, con su Declaración Panamericana de Tegucigalpa, como el performance del Himno Panamericano, la noche del 25 de julio de 2006, proclamado por Pablo Helguera desde el balcón del ex convento de La Merced (también conocido como Antiguo Paraninfo Universitario), resonaron simbólicas connotaciones dentro de este imaginario. La Plaza, espacio de la voz pública y de luchas del movimiento obrero, se transformó en escenario y caja de resonancia de la voz hemisférica propuesta por Helguera en su composición.

Recuerdo que, luego de tres días de intensos preparativos, Adetty Pérez, el documentador del proyecto, y yo, observamos el arribo de la camioneta panamericana, con su emblema en un costado. Traía a Pablo Helguera y a Arturo Cerrato, el conductor desde El Amatillo hasta Tegucigalpa. Así dio inicio nuestro encuentro, el punto cero de un viaje simétrico y poético que estableció una constelación de conexiones espirituales. Fue una experiencia que generó una creciente ola entre dos de sus principales sujetos históricos, Marie Smith

Jones y Cristina Calderón, pilares territoriales y existenciales de este proyecto panamericano.*

> Bayardo Blandino
> Director artístico y curatorial
> Centro de Artes Visuales
>   Contemporáneo de Mujeres
>   en las Artes (CAVC/MUA)
> Tegucigalpa, Honduras
> Febrero 2011

---

* El viaje de la escuela panamericana comenzó con una entrevista en Anchorage a Marie Smith Jones, última hablante del Eyak, y concluyó con una entrevista en Puerto Williams a Cristina Calderón, última hablante del Yagán (N. del E.)

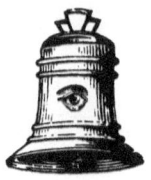

Desasosiego en el paraíso

La pregunta "¿Pura vida?" sólo tiene una respuesta: "Pura vida". Esta simetría, presente en la manera en que se saludan cotidianamente los costarricenses, anula toda posibilidad de no estar bien (o, al menos, de expresarlo). Nadie nunca consideraría decir "no" o "más o menos" cuando se enfrenta a la optimista fantasía del "pura vida". Después de todo, la eficacia de este gesto depende de su constante repetición. De otro modo, pero casi con el mismo entusiasmo, uno podría responder: "costarricense por dicha". (Aparentemente este dicho surgió en el censo de 1904, como una respuesta a una pregunta sobre la nacionalidad, y es el título de un libro del historiador Iván Molina sobre los procesos de invención de la nacionalidad costarricense).

No es una sorpresa que las sesiones de la Escuela Panamericana del Desasosiego en San José se hayan concentrado en las "prácticas del paraíso". El debate que la EPD activó en TEOR/éTica buscaba repensar esas prácticas culturales, esas historias y esos imaginarios que producen la ilusión de bienestar. Aparte de unos pocos apuntes históricos, las preguntas sobre la mesa ese día tuvieron que ver con las promesas de una paraíso "a la tica" –los ideales de la ecología, el turismo y los bienes raíces.

La Declaración de Costa Rica empezó con un "Costa Rica wow" y fue escrita por los participantes en el taller impartido por Pablo Helguera en el Museo de Arte y Diseño Contemporáneo. El resto de la Declaración reúne una serie de dichos, refranes y proverbios, como si no hubiera más alternativa que repetirlos. O tal vez todas estas frases emergieron porque es justamente su repetición la que configura la ficción de la nación y la identidad.

El proyecto de Helguera propuesto para San José se ocupó de esa repetición de prácticas que termina por crear una cultura y que, en Cosa Rica, normalmente ha sido asociada con el consenso, la paz y el bienestar. Por eso, de todas las posibles dimensiones que la EPD pudo tener, yo rescato la noción de *performance* como la más útil. Si la EPD, con sus debates y talleres, con su Himno y su Declaración, tuvo un importante componente performativo y una naturaleza casi teatral, también demostró la dimensión performativa de las ideas de nación e identidad: Costa Rica no existe fuera de los rituales del consenso y la "pura vida". De hecho, me gusta pensar el evento de la EPD en San José como una momentánea interrupción de nuestras "prácticas de paraíso". Por un breve periodo, el de un tartamudeo después de una pregunta de rutina, alguien habló de desasosiego.

Releyendo el cuaderno de viaje de Helguera, me detuve en su observación de que los artistas en Costa Rica parecen buscar crear tensión y controversia sin saber bien a bien por qué. Recuerdo haber sonreído, y ahora noto el verdadero impacto y la eficacia de ese "pura vida", que parece sugerir que en realidad no hay razones para el desacuerdo. Aunque Costa Rica no tiene un ejército ni una historia bélica, de todos modos existe un malestar que justifica tantos movimientos y convulsiones, incluyendo los de las artes.

        Tamara Díaz Bringas
        Investigadora y curadora independiente
        Curadora y coordinadora editorial de
            TEOR/éTica (1999-2009)
        San José, Costa Rica
        Marzo 2011

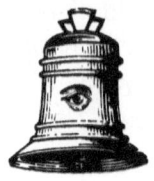

Hacia Sudamérica

La ciudad de Panamá sorprende un poco, sobre todo a primera vista y después de haber atravesado lentamente Centroamérica en carro. Los rascacielos, los casinos, los centros comerciales, las palmeras, los supermercados abiertos 24 horas y las tiendas en dólares (también conocidos como "narco-dólares", pero que parecen un poco menos sospechosos que sus gemelos siameses de Norteamérica) ofrecen una Babilonia, una Taipei local que la región no parece respaldar. Además, todo esto es visto rápidamente, especialmente cuando se viene en una misión cultural. Ahí está el indeludible Canal, la columna vertebral y razón de ser del país. Ahí está la parte vieja del Canal, tal vez la más interesante de todo el país –un micro-Estado utópico y tropical para Marines situado al interior de otro Estado– pero que el inconsciente colectivo nacional intenta olvidar ahora que se ha obtenido (desde el año 2000) la soberanía sobre el Canal. Ahí está también el Casco Viejo, recientemente restaurado, cada vez con más espacios artísticos independientes donde se reúne de vez en vez a la *intelligentsia* local. Fue ahí, en una vieja mansión llamada la Casona de las Brujas donde Pablo presentó las credenciales de su Escuela Panamericana del Desasosiego a la comunidad artística panameña.

Y ahora el inconveniente: aunque Panamá es un sitio de tránsito, no es fácil dejarlo. La carretera Panamericana acaba aquí, algo que los espíritus más intrépidos olvidan con frecuencia. 87 kilómetros de montañas boscosas, el Tapón de Darién, nos separan de Colombia, lo que representa un problema de logística pues uno sólo puede viajar a Sudamérica por avión o barco. Acompañamos a Pablo a embarcar su camioneta rumbo a Colón, el lado caribeño del Canal, con su zona de libre comercio: la región más próspera del país. Es ahí donde los productos chinos son importados y revendidos. Luego del papeleo administrativo (que impone demasiados requisitos, si se le juzga en términos latinoamericanos) Pablo hizo ciertos ajustes a su agenda bolivariana y tomó un avión hacia un puerto colombiano. A final de cuentas, ¿no es la espera el alma del viaje, y no son sus diferentes grados, la medida de nuestro desasosiego latinoamericano?

Papus von Saenger
Curador independiente
Panamá, Panamá
Marzo 2011

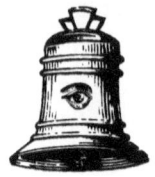

Pablo Helguera, la Quinta de Bolívar y el desasosiego

La Quinta de Bolívar es un lugar anclado en la falda de los cerros bogotanos, que parecen rozar las estrellas, pues están a casi 3,000 metros sobre el nivel del mar. Durante las primeras décadas del siglo diecinueve éste sitio fue el refugio de un héroe errante e idealista en el que pasó 423 días de su vida entre la gloria y la decepción.

Más de 180 años después, Pablo Helguera compró una camioneta en Alaska. La condujo a través del continente americano, deteniéndose estratégicamente en distintos países y en distintas ciudades. En cada parada desempacó y armó minuciosamente su escuela amarilla. Colgó una campana y abrió la carpa.

Pablo había tardado aproximadamente tres meses en llegar desde Alaska a Bogotá y en agosto del 2006 apenas se encontraba en la mitad de su camino, pues quería llegar a la Patagonia. La escuela en Bogotá estaba coordinada por algunos colegas artistas de la Universidad de los Andes, y ellos a su vez pensaron que el lugar ideal para la instalación de su escuela y de su carpa amarilla podría ser el jardín de la casa de campo del mismo héroe errante e idealista, la cual se encuentra en su vecindad inmediata.

Pablo venía con su Escuela Panamericana a cada sitio en el que la carpa amarilla era acogida. Y allí se sentaba a dialogar con quienes se acercaran sobre la identidad, sobre el arte, sobre las luchas, sobre las victorias y los fracasos de individuos y naciones. Y en Bogotá, Pablo se encontró con el Bolívar errante e idealista, cuyo sitio de sosiego era esta casa campestre vigilada por los cerros bogotanos. Sin embargo al llegar a Colombia, a Pablo el trashumante se le unió el desasosiego.

La camioneta sufrió un aparatoso accidente de camino a Bogotá. Pablo, reconoció los vericuetos de la burocracia y del Realismo Mágico. Terminó trayendo la camioneta a la capital, y ya aquí, cuando creía que podía tener algo de reposo luego de todas aquellas jornadas de cansancio y de zozobra, un comedido botones del hotel se ofreció a cargarle su mochila. Y con ella su computador con el registro de sus escalas anteriores, con la memoria de sus días entre Alaska y Bogotá, con el pizarrón de su locuaz escuela. El comedido botones del hotel desapareció con su mochila, sus memorias y su pizarrón pues era un vulgar ladrón, personificación del desasosiego.

Aún así, Pablo, algo decepcionado pero sin perder su sentido del humor, recibió de buen grado a sus contertulios y alumnos de la escuela amarilla, en la Quinta de Bolívar. Y en la mañana de un sábado de agosto del año 2006 y con el cielo plomizo bogotano que parece rozar los cerros cuando no hay estrellas, se habló de mapas, de identidades, de arte, de memorias, de luchas y fracasos, de individuos y naciones. Y junto al busto de piedra y mármol en el que Bolívar de ceño fruncido asiste al paso de los días, Pablo, el trashumante se puso su corbata y ceremoniosamente develó una placa conmemorativa en el mismo lugar en el que embajadores y jefes de estado dejan sus ofrendas al Libertador en las fechas patrias, mientras una banda de guerra entona aires marciales. Sin embargo, ese día sólo resonó la voz de Pablo y las notas de una música inédita acompañada del tañido de la campana que venía en la camioneta, junto con la carpa amarilla.

Con ello, el Bolívar atrapado en piedra y mármol aceptó que ya no sería más trashumante. Sin embargo, Pablo levantó la carpa amarilla y la campana, las guardó en su camioneta y siguió su camino. El desasosiego se había convertido en una nube de llovizna ligera que se deshizo lentamente en el aire, mientras la camioneta avanzaba y era ocultada por el horizonte blando y tibio que nace de los cerros bogotanos.

Daniel Castro Benítez
Director Casa Museo
Quinta de Bolívar
Bogotá, Colombia
Marzo, 2011

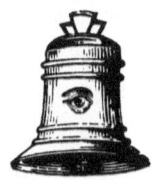

La EPD en Caracas

La Escuela Panamericana del Desasosiego (EPD), se instaló en la capital de Venezuela con el objetivo articulado por su autor, Pablo Helguera: "producir vínculos entre las diferentes regiones de América, motivando a la comunidad artística local a través de discusiones, performances, talleres y muestras de video". Se intentaba agitar la conciencia panamericana continental, invitando a la gente a repensar sus visiones.

Después de unas 30 paradas, Helguera llegó finalmente a Caracas en agosto de 2006 para presentar la EPD. En principio acordamos con Helguera que Venezuela era un caso especial por el populismo que avanza como estandarte de una supuesta revolución ideológica. Tomando en cuenta que, gracias a Chávez, en ninguna otra parte de Latinoamérica el sueño bolivariano ha sido promovido de manera más explícita que en Venezuela, queríamos que la EPD facilitara un debate entre la comunidad artística local para analizar el impacto cultural de esta agenda política. Partimos de una pregunta que el propio Helguera postuló: ¿Qué efecto ha tenido la actual situación política en Venezuela en la producción artística?

Antes de la llegada de la EPD, discutimos sobre las posibilidades de este debate porque me resultaba muy difícil hablar en términos de cómo ha sido afectado el arte políticamente, aunque muchos artistas den cuenta de las condiciones de producción. Sin embargo, considerando que el país ha estado enfocado hacia una preocupación por entender el por qué de sus fracturas sociales, los cambios más significativos se han dado a nivel de las estrategias y tácticas de promoción, más que al nivel de la producción de ideas (artísticas o no). El escenario político se ha concentrado en el ámbito de la propaganda y esto se extiende también al ámbito cultural.

Desde el 2001 con el anuncio de la Revolución Cultural, se suplantaron a los directivos del período anterior y se creó un nuevo orden en la cultura totalmente centralizado. Entre las alternativas que han surgido a este proceso se destacan básicamente la resistencia desde adentro, de quienes promueven la salvación del convaleciente aparato cultural del Estado y, por el otro lado, la iniciativa de un grupo de actores culturales que aplican estrategias de supervivencia por fuera de ese aparato.

En fin, en lugar de poner el énfasis de las discusiones promovidas por la EPD en lo que hacen los artistas como reacción al contexto político, quisimos pensar que la discusión se debía enfocar más en la transformación de la institucionalidad cultural adelantada por el populismo chavista.

Estas discusiones previas con Helguera sirvieron sólo como fórmula adivinatoria. Por supuesto, si tomamos en cuenta su propósito principal, "revisar de forma *crítica* las viabilidades e implicaciones del 'sueño bolivariano' en esta era del internet y la posglobalización", la estancia de la EPD en territorio nacional fue un éxito. En el contexto de un gobierno de bulliciosa retórica latinoamericanista, el "panamericanismo" de la EPD fue muy eficiente al demostrar que tal unionismo, sea de escala continental o sub-continental, tiene obstáculos enormes como quedó ejemplificado en las reacciones diametralmente opuestas de los integrantes del minúsculo espectro social representado por los círculos de arte local.

Básicamente se puede decir que la EPD en Caracas tuvo dos tipos de recepción. Por un lado, un grupo de artistas emergentes, motivados al trabajo colectivo, produjeron la Declaración de Caracas, a la que Helguera se refiere como "la que probablemente ha sido la declaración más unánime y sentida que se ha realizado como parte de este proyecto". Para el debate sobre el Populismo en Venezuela, ocurrido el día anterior, invitamos a Juan José Olavarría, artista que ha trabajado con símbolos patrios, el escritor Alejandro Rebolledo, el periodista y escritor Boris Muñoz, el crítico de arte Gerardo Zavarce y yo (de moderador). En lugar de una revisión del populismo chavista, los propósitos de la EPD fueron duramente criticados por todos los miembros del panel, que la evaluaron en términos de su activismo político sin considerar que su lugar de enunciación era el de un artista. Así, se puso en evidencia que la idea inicial de Helguera de convocar a un debate sobre la forma en la que los creadores reflejan en sus prácticas el contexto político era un problema más de fondo que contingente.

Nos quedamos con las ganas de discutir si un arte como el del Helguera reproduce mecanismos de colonización o si los critica, si era posible en una escala panamericana hablar de posglobalización, si el tema de la identidad está demasiado desestabilizado por los estereotipos, si es posible apartarse de la lógica del mercado, si aquello era arte comprometido o no, si la política nos ha robado ya todo el espacio para el debate . . . Será la próxima vez.

> Jesús Fuenmayor
> Director Periférico Caracas/
> Arte Contemporáneo
> Caracas, Venezuela
> Marzo 2011

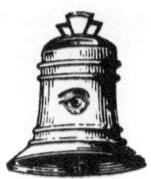

Py'a: la Escuela Panamericana del Desasosiego en tierra Guaraní

La Escuela Panamericana del Desasosiego (EPD), fue una travesía que pocos se animarían siquiera a imaginar, menos aún a apoyar, y quizá sólo Pablo Helguera a realizarla. Es una de esas propuestas en las cuales una se involucra con ganas, no precisamente porque esté convencida de que pueda llevarse a cabo, sino más bien porque tiene la fuerza de la utopía. Desde la misma concepción, su complejo itinerario anunciaba con ímpetu sus aspiraciones integradoras y subrayaba profundos contenidos reflexivos que nada tienen que ver con lo anecdótico.

En nuestro presente postmoderno de cambios contínuos y plurales, el disturbio creativo se torna enriquecedor. La EPD pareciera decidida a imaginar nuevas formas de comprensión del sueño bolivariano y a impulsar, desde el intercambio de parecidos y diferencias, de discursos "supremos" y "marginales", una América alternativa.

Haciendo memoria... Convencer a amigos, artistas, autoridades e instituciones de lo real de este proyecto no fue tarea fácil. Al seguir a través del *blog* los pasos, saltos y tropiezos de Helguera, debo confesar que necesité de una dosis extra de optimismo y de confianza en este colega artista que había conocido en la Bienal de la Habana.

Llegó el día previsto para dar inicio a la escuela y aunque Pablo no había podido llegar a destino, la ilusión que exhalaba su proyecto se había contagiado a muchos de los que integraron el proyecto en Paraguay. Así se dio inicio a la escuela con la conferencia "Py'a - La Escuela Panamericana del Desasosiego en tierra Guaraní". Nos dio la bienvenida Margarita Morselli, directora del Centro Cultural de la República El Cabildo; y yo como coordinadora de la Escuela Panamericana del Desasosiego en Paraguay, presenté el proyecto, su contexto teórico así como sus aspiraciones y desafíos. Seguidamente, el filósofo y crítico Ticio Escobar, actual ministro de cultura del Paraguay, examinó la relación entre lengua e identidad. El antropólogo y lingüista Bartomeu Meliá reflexionó sobre bilingüismo y mestizaje, y el historiador Carlos Sosa se refirió a lo heterogéneo del ser Americano y a la necesidad de comprender el Panamericanismo desde esa perspectiva. El debate de cierre dejó escuchar las opiniones de artistas, curadores, directores de instituciones culturales, alumnos del Instituto Superior de Arte y de varios miembros de la asociación Gente de Arte. Dejó entrever cuán intrínsicamente ligada a su identidad siente el Paraguayo a su lengua Guaraní.

Al los dos días Pablo Helguera llegó. Llegó sin escuela, sin camioneta, sin computadora, pero decidido a continuar hasta el final con la experiencia—cueste lo que cueste, duela lo que duela. Luego de tomarse un ducha, comer una rica Chipa-guazú (comida típica paraguaya a base de choclo, queso fresco y cebollas) e interiorizarse de lo acontecido hasta el momento, decidió encontrar la forma de construir (literalmente) casi sin tiempo o dinero otra pequeña escuela. Y allí estaba montando la escuelita unos días después en la Plaza del Congreso. Los niños de la chacarita (unos asentamientos informales a la orilla del río) eran los más curiosos , fueron ellos quienes se apropiaron del espacio día tras día, los participantes "formales" del proyecto éramos los "otros", y por momento invitados, los niños se transformaron en los dueños de la escuela.

En esos días se llevó también a cabo el taller de escritura y performance en el cual Helguera con una impresionante capacidad de percepción y un agudo sentido crítico resumía lo esencial de las participaciones y ponía a discusión el siguiente tema de debate. El taller se cerró con la redacción del Discurso Panamericano de Asunción que fuera leído en la Ceremonia oficial.

Finalmente llegó el día de la Ceremonia oficial conducida desde el balcón del Centro Cultural El Cabildo, mirando a la Plaza del Congreso donde se emplazaba la escuela y de donde los participantes de la misma, invitados y los niños escuchaban atentos los discursos emocionados y el Himno Panamericano. Fue un momento conmovedor, en que nuestra piel se tornaba en "piel de gallina", como decimos en Paraguay cuando algo nos emociona tanto que parece penetrarnos por los poros. Así fue que este proyecto efímero quedaría instalado en nuestra memoria colectiva, en nuestra memoria Panamericana porque como comenté a Pablo: en guaraní hay dos "nosotros", y en este caso el "nosotros" panamericano es el que nos compete.

Adriana González Brun
Coordinadora de la EPD
en Paraguay
Asunción, Paraguay
Marzo 2011

Agradecimientos:

Quisiera agradecer la desinteresada colaboración y el continuo apoyo de todos aquellos que integraron la EPD en Asunción y muy especialmente a: Margarita Morselli, Ticio Escobar, Bartomeu Meliá, Carlos Sosa, Mónica González, Gustavo Benítez, el Instituto Superior de Arte, la Gente de Arte y todos aquellos artistas, amigos e instituciones que se sumaron con su presencia y compartieron con nosotros la ilusión de una América integrada. Muy especialmente recuerdo la presencia de Olga Blinder (recientemente fallecida) y a Herman Guggiari quienes han demostrado en incontables ocasiones que la utopía a veces se torna realidad.

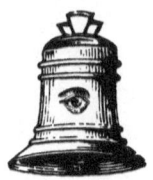

Los senderos que se bifurcan en Panamérica

Me involucré con la Escuela Panamericana del Desasosiego (EPD) mientras investigaba sobre arte militante y performance en Buenos Aires y Santiago. Hice de la organización de sus eventos en esas ciudades un proyecto de investigación en sí mismo. Esto tenía que ver tanto con la naturaleza de la EPD como con mi propia actitud, pues cualquier mención del proyecto siempre terminaba por provocar o reavivar conversaciones –ya fuera debido a la invocación del panamericanismo que hacía la EPD, o a la imaginación trasnacional/traslocal que proponía, o a la posibilidad de crear un espacio común de diálogo a lo largo de un convulso territorio geopolítico que iba desde el sur post-dictatorial hasta lo que era entendido como la hegemonía imperial del norte. Debo confesar mi punto de vista como investigadora porque es posible que las impresiones más fuertes que yo me haya llevado no sean necesariamente las más representativas ni las más poéticas del proyecto. (Lo más poético tuvo que haber sido el performance de Gonzalo Rabanal y Samuel Ibarra que cerró la sesión de Santiago.). Los recuerdos más vívidos de la EPD tienen que ver con preguntas que todavía persisten cinco años después. Ofrezco aquí tres de ellas:

1. En la presentación pública de la EPD en Buenos Aires, Eduardo Molinari partió del nombre de la escuela para formular algunas preguntas muy precisas sobre la neoliberalización de las escuelas públicas de arte en Buenos Aires y sobre las prácticas de explotación laboral

que se habían normalizado al interior de esas instituciones. Victoria Márquez, estudiante de la Universidad de Buenos Aires y organizadora asistente del evento, subrayó la importancia de este asunto. En el público, un artista ya maduro rechazó estridentemente que éste fuera un tema de conversación, alegando que era inadecuado para el fórum de la EPD, además de una pérdida de tiempo. La conversación continuó de esta manera durante el resto de la conferencia –vacilando entre un debate verdadero y lo que Pablo llamó un "meta-debate", es decir, una discusión sobre lo que debía (o no debía) ser discutido. Aunque todos parecían coincidir en que la EPD –entendida como un performance– debía enmarcar una suerte de conversación colectiva, esto no consiguió facilitar un diálogo, ya que no había una idea compartida de lo que era suficientemente importante como para ser discutido. Paradójicamente, dentro de un performance por definición participativo y orientado al diálogo, normas no escritas de etiqueta para los eventos de arte (o tal vez era que éste era un evento *internacional* de arte, y por ello la discusión en torno a la educación fue condenada por algunos por ser demasiado *local*) fueron convocadas como medios de regulación y censura.

2. Varios meses antes del evento de la EPD en Buenos Aires, un grupo de personas involucradas en el proyecto nos reunimos para empezar una conversación que duraría más allá del invierno, luego de que Pablo y la Escuela se dirigieran rumbo al Sur. Algunos expusieron su deseo de controlar espacios artísticos en vez de continuar peleando unos con otros por la escasa pila de becas. Silvio, un miembro de la cooperativa de un astillero que había asistido a la reunión, respondió hablando acerca de cómo los miembros de la cooperativa se habían organizado al margen del sindicato. No tenían ningún espacio, dijo; sólo tenían sus propias habilidades. Tal vez, alguien sugirió, lo que los artistas deben defender es su derecho a usar sus habilidades. "¿Para qué quieren organizarse ustedes –preguntó Silvio– si cada uno trabaja para sí mismo?".

3. Un extracto de la presentación de Eduardo Molinari/*El archivo caminante* en la EPD:

Si una falta de tranquilidad y bienestar es resultado de vivir en condiciones precarias e injustas, el desasosiego disuelve los lazos sociales y genera distintas formas de violencia [...] Ahora, si el desasosiego y la divergencia son experimentados como energías que evitan el pensamiento único, entonces se convierten en herramientas para crear un espacio y un tiempo no capitalistas. Un tiempo y un espacio construidos en común, no un espacio para "lo común", no una arqueología, no un simulacro de participación.

> Jennifer Flores Sternad
> Coordinadora de la EPD en
> América del Sur
> Investigadora independiente,
> historiadora del arte
> Abril 2011

La Escuela Panamericana del Desasosiego — 183

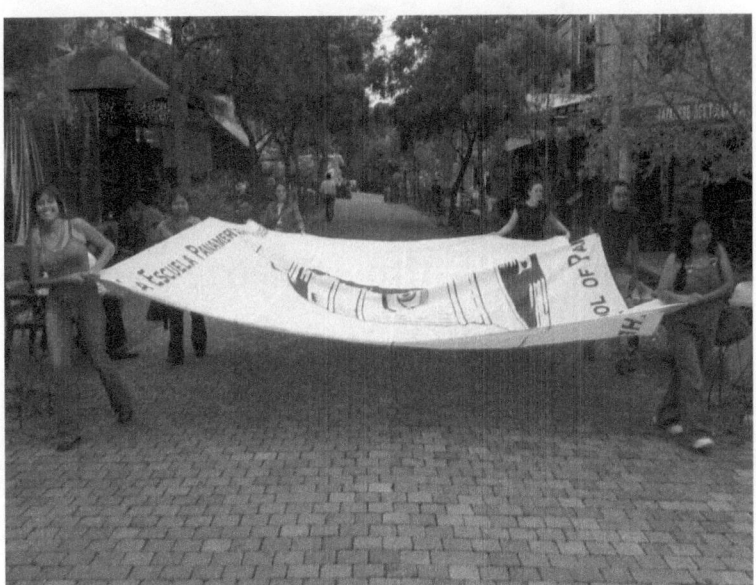

Carrying the Panamerican flag in Guatemala City, Guatemala/
Cargando la bandera panamericana en Ciudad Guatemala, Guatemala

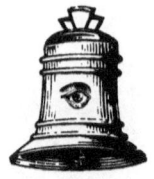

Revolución/institución, arte público y responsabilidad: los encuentros dialógicos y transnacionales de la Escuela panamericana del desasosiego

Desde principios del 2006 la práctica de Helguera ha captado mi atención, en particular por su profundidad y extensión. En marzo de ese año visitó la Universidad de Penn State, donde yo era estudiante de posgrado. Habló en ese momento de un proyecto extenso de arte público que abarcaría un viaje intercontinental a todo lo largo de la Carretera Panamericana. La idea de ser testigo o cronista de lo que me parecía como una obra de resistencia de *performance* representaba un prospecto atractivo. Hice arreglos para acompañarlo en seis locaciones diferentes: Nueva York, San Francisco, California, Tempe, Arizona, Tegucigalpa, Honduras, Buenos Aires, Argentina, y Santiago de Chile.

Después de mi regreso, se volvió claro que el enfoque de mi disertación deberían de ser los diálogos de los participantes de la Escuela, así como los temas que emergieron de estos encuentros —en particular la noción de revolución, institución, y arte público. A continuación viene una selección de varios de estos intercambios variados en sesiones de la EPD, los cuales analizo en relación con la teoría del dialogismo de Mijaíl Bajtin, y en particular con relación al constructo de responsabilidad. Aunque mi meta es mostrar el evento a través de un lente analítico, espero también que estos pensamientos permitan una experiencia indirecta de los eventos.

Las obras de Bajtin que contienen la propuesta más sustancial y sostenida de su filosofía del lenguaje son *Los problemas de la poética de Dostoevsky* (1929/1981) y "Discurso en la novela" en el libro *Imaginación dialógica* (1935/1981). La teoría de la enunciación en Bajtin, que es central para su filosofía del lenguaje y el dialogismo, propone la noción de que el diálogo es relacional, participativo y un acto responsable. A medida en que es un acto comunicativo —o sea, una unidad de diálogo, actos discursivos, palabras, texto artístico, o comunicación verbal o no-verbal— la enunciación es un discurso colectivo. La responsabilidad, o el entendimiento responsable, implica que los participantes en el diálogo tomen la enunciación dentro de su propio marco de referencia para generar nuevos o diferentes significados al contextualizarla con discursos pasados y presentes, evaluándola, interrumpiéndola, trastocándola, o reforzándola. Aquí, las teorías del diálogo o el dialogismo comparten una misma frontera con la ética o la dimensión ética del lenguaje, en la medida en que en el diálogo hay una responsabilidad hacia las palabras del otro. En *Arte y Responsabilidad: Primeros Ensayos Filosóficos (1919-1924)* y *Hacia una filosofía del acto (1919-1921)*, Bajtin se refiere a este tipo de reciprocidad como *discursividad* y *responsabilidad (otvetstvennost)**. Este último término se traduce como *responsabilidad* o *entendimiento responsible* (Holquist, 2002).

Lo que es central a las preocupaciones de la EPD, es la reciprocidad (responsabilidad) o la construcción de lo que yo teorizo como encuentros dialógicos, donde el significado del trabajo se desenvuelve a través de una relación participativa y recíproca entre la obra y el espectador/participante. El proyecto de Helguera llama a una relación dialógica de intercambio. Y aún así, por más necesario que sea que la relación entre una obra y un espectador vaya hacia el proyecto de la construcción de significado, el dialogismo no presenta un modelo igualitario, conciliatorio o utópico de intercambio que ignore la escctructura desigual de poder en el lenguaje. En vez de eso, lo que hace es referirse a provocaciones que simultáneamente invitan y se resisten, es decir, participan en, replican, y resignifican varios puntos

---

* "answerability" en inglés. Se traduce aquí como "responsabilidad" en la interpretación de "habilidad de responder" y no en el sentido de asumir un cargo u obligación moral [n. del t.]

de vista, argumentos y contra-argumentos. Estos son los procesos y los productos significativos al acercamiento dialógico al arte.

Revolución/Institución

Si el arte fuera *verdaderamente revolucionario* ya lo sabríamos a estas alturas.

—S. Wright, 2006

Al reflexionar sobre su desarrollo artístico durante la inauguración de la EPD en Nueva York, Helguera mencionó que él "había sido influido por las instituciones políticas mexicanas a la par del arte contemporáneo"*. Al crecer dentro del marco contextual del régimen del Partido Revolucionario Institucional (PRI), que paradójicamente proclama ser revolucionario e institucional, Helguera fue motivado a examinar con detenimiento la relación entre política y arte. Advirtió la presunción común de que en el mundo del arte uno se vuelve revolucionario al atacar a la institución. Contrario a esta postura, él propone que uno se vuelve revolucionario al aprender a ser institucional. La postura de Helguera genera una serie de preguntas: ¿Cómo debemos de entender la revolución? ¿Qué constituye una institución? ¿Qué tipo de instituciones participan en o incluso causan la revolución?

En respuesta a los comentarios de Helguera sobre institución y revolución, Stephen Wright, teórico de arte basado en París y panelista en el evento de la EPD en Nueva York, exclamó que el mundo del arte siempre navega con la bandera de la "revolución", y si bien el arte fuera "verdaderamente revolucionario, ya lo sabríamos a estas alturas".

Wright percibe un peligro en enmarcar las prácticas artísticas o el arte alrededor de la noción de revolución. El imaginarse como revolucionario, en condiciones que no son revolucionarias, para mí, como para muchos otros, se acerca peligrosamente a la retórica política.

Tanto Helguera como artista, como Wright como crítico de arte,

---

* A menos de que sea especificado de otra forma, las citas de Pablo Helguera, Stephen Wright, Alicia Herrero y Azul Blaseotto provienen de eventos de la EPD en Nueva York que tomó lugar el 5 de mayo del 2006, y en Buenos Aires, el 9 de septiembre del 2006.

están interesados en la transformación social progresiva. Sus interpretaciones de revolución e institución, o lo que significa el efectuar este proceso de transformación en la práctica contemporánea del arte, contrastan drásticamente.

Es posible acercarse a la idea de revolución o transformación desde una perspectiva micro- o macroscópica. La interpretación amplia de revolución aboga por la transformación a través de una completa ruptura con el poder dominante, mientras que una vista microscópica apoya las transiciones graduales y el cambio diario. A juzgar por los comentarios de Wright, cualquier cosa, con excepción de una ruptura radical con el poder hegemónico, es insuficiente para generar un cambio social progresivo. Según Wright, el arte no tiene valor de uso y el quehacer artístico no tiene potencial como práctica revolucionaria, especialmente mientras se mantiene dentro de las estructuras del mundo del arte. Helguera, sin embargo, sostiene que el arte puede efectuar una transformación social dentro de la institución. El asumir e internalizar la institución puede, según Helguera, crear aperturas transgresivas que permiten un cambio positivo, gradual y cotidiano.

Wright argumenta que si los artistas seriamente buscan un proceso radical de cambio social, entonces las mismas prácticas artísticas contemporáneas deben de someterse a un cambio radical. Esto es debido a que las obras autorreflexivas o dirigidas a generar concientización, del tipo que suelen verse en museos, fracasan en "provocar daño alguno al orden dominante".

Wright encuentra la combinación de arte/revolución/institución insostenible. Helguera, por su parte, está interesado en las micropolíticas de los eventos cotidianos y la posibilidad de estas expresiones de negociar la manera en que el significado contínuamente se crea y se recrea, a través de los intersticios y fisuras que enmarcan los mundos sociales en los que las ideologías enunciativas ocurren. Son estas intersecciones cotidianas entre el arte y la política las que se cierran por la idea de una ruptura completa con el poder hegemónico. Aunque el deseo por una revolución macro es una meta importante para la transformación social, no es probable. La noción de una micro revolución le permite a uno el percibir la relación entre el arte y la política de una forma más productiva. En particular, debido a que en la institución social, el territorio del arte es el espacio por antonomasia de los encuentros paradójicos y ambivalentes, donde las microtransformaciones y los cambios graduales y estratégicos, a través de la praxis artística, toman lugar (como por ejemplo, subRosa, Yes Men, y Yomango). La relación compleja entre arte e institución(es) juega un papel determinante en el acercamiento divergente (perspectivas micro y macro de la revolución) que Helguera y Wright utilizan para teorizar momentos de resistencia y ruptura en las prácticas artísticas.

El argumento de Helguera acerca de la naturaleza paradójica de las instituciones y la revolución, es decir, "crear [micro] revoluciones" al "aprender cómo ser institucional", es un movimiento de doble voz* que puede ser usado productivamente para cambiar la pregunta qué se está realizando. En vez de centrarse en la posibilidad o imposibilidad de transformar al artista en un agente revolucionario o anti-revolucionario, o enfocarse en si es progresivo para el arte o el artista el operar dentro o fuera de la institución, la pregunta puede ser re-articulada hacia una de simultaneidad e intersección. En particular, en vista del hecho de que en vez de proponer una dialéctica de "esto/aquello", Helguera insiste en la posición dialógica "también/y", que es simultáneamente institucional y revolucionaria, individual y relacional/social.

---

* Para Bajtin, las palabras tienen doble voz: sirven las intenciones de dos hablantes. Una simple frase, incluso una simple palabra, tiene el potencial de significar de muchas maneras porque las palabras pertenecen simultáneamente a múltiples contextos, lenguajes y sistemas de creencia, u *horizontes conceptuales*. Bajtin hace una distinción crítica entre dialéctica y dialogismo. La dialéctica hegeliana (tesis, antítesis, síntesis) se arraiga en oposiciones binarias. Es una proposición de sí o no, es decir de que uno afirma o repudia cierta postura o ideología hasta que se llega a una síntesis. Al contrario, el dialogismo es un proceso de simultaneidad o de tambien/y, de repetidamente generar diferencia (Bajtin, 1984; Holquist, 2002).

Arte Público

La práctica de Helguera no implica involucrar a los espectadores, sino a un actor, a una persona que haga con—(con) texto—hacer con el otro.
—Azul Blaseotto, 2006

Al definir la EPD como un proyecto de arte público, Helguera orienta sus enunciaciones hacia un público y un horizonte conceptual específicos — el territorio del arte. Asimismo, atrae las simpatías, antipatías, experiencia y conocimiento del mundo del arte con relación al arte público. La pregunta de qué es lo que constituye el arte público y sus públicos, recurrió en varias manifestaciones del proyecto, y en diferentes eventos, dio pie a varias interpretaciones y opiniones en cuanto a la eficacia (o ineficacia) de la EPD y en cuanto al proyecto de arte público. En Buenos Aires, Azul Blaseotto, artista visual y participante en una de las mesas redondas del evento, afirmó que la EPD claramente no era arte público, a pesar de que se autodenominara como tal. En el contexto de Buenos Aires, argumentó ella, el arte público era característicamente jerárquico, burocrático, apoyado y promovido por el Estado.

La EPD, en contraste, involucraba a públicos en formas que no eran jerárquicas. Para Blaseotto, la EPD estaba más alineada con el arte comunitario que con el arte público. De hecho, ella propuso que la práctica de Helguera, tal como lo afirma la cita al principio de esta sección, "no involucra a un espectador sino a un actor, una persona con quien co-crear el (con)texto". Este tejer conjuntamente y hacer conjuntamente con otro —del latín "con" y "textere" (tejer)— se encuentra en el centro de la EPD. En dicha práctica o encuentro dialógico el artista y participante co-crean el significado. No me refiero aquí a un tipo acrítico de co-autoría sino a una re-autoría contrapuntual.

En el mismo evento, otro miembro del público enfatizó que la EPD no fue presentada en el espacio público de Buenos Aires. Debido a que el proyecto no había logrado o establecido un espacio para el público no-artístico, concluyó que el proyecto había fracasado.

Helguera respondió con la pregunta: "¿Tu definición es que el público tiene que ser alguien no relacionado con el arte?" En prácticas artísticas que están socialmente involucradas, como es el caso de la EPD, el público importa. Las intervenciones de artistas en espacios públicos y su desarrollo activo de relaciones socio-políticas con el público son prácticas importantes que pueden ser usadas para cuestionar, confrontar, y subvertir discursos hegemónicos. Es problemático sugerir, como el participante de la EPD argumentaba, que podría haber una especie de público estático para el arte público, o un público unificado para el arte público. Lo que constituye el arte público y sus públicos, es una de las interrogantes más tratadas en debates recientes sobre el arte —cuestionamientos que fueron asimismo constantes en los eventos de la EPD.

Cuando se considera la manera en que la EPD construye sus públicos, es claro que Helguera no buscó una forma facilista de co-autoría con los participantes. La EPD era un espacio de consenso y desacuerdo. No expresaba ni promulgaba conocimiento dado desde arriba, ni se ofrecía como autoridad. En cambio, el conocimiento construido por la EPD se generaba por procesos interdependientes —entre el artista instigador y los co-creadores (el público/participantes presentes en los eventos). El dialogismo reside precisamente en la interpretación y los intercambios de las enunciaciones de la EPD, los cuales involucran a los hablantes y a los oyentes en contextos socio-culturalmente específicos en un tiempo y lugar determinados. A través de esos encuentros, los participantes consideraban el propósito de la EPD dentro de sus propios marcos de referencia y lo contextualizaban con relación a discursos pasados y presentes sobre arte público (por ejemplo arte comunitario, arte público, o arte que "fracasa" al atraer al público no-artístico). Cada enunciación re-traza la EPD, la evalúa, y la interrumpe para resignificarla y generar nuevos o diferentes significados sobe el arte público y los discursos asociados a este.

Responsabilidad

[Helguera] pensó en Buenos Aires y como percibió que hay un gran deleite por la palabra, por la oralidad, es decir, por el lenguaje hablado, tituló el evento de la EPD en Buenos Aires: Un Debate Sobre el Debate.
—Alicia Herrero, 2006

Los diálogos de la EPD eran específicos a su contexto y a su situación y variaban considerablemente a lo largo del espacio cultural y social. En cada sitio, varios temas y títulos eran elegidos en colaboración con los organizadores y los participantes interesados. El tema escogido por Helguera y sus colaboradores para el evento en Buenos Aires, tal como fue propuesto en la página web de la EPD, era la intersección entre prácticas artísticas individuales y colectivas y el activismo político. Antes de su presentacion en Buenos Aires, Helguera se reunió con un grupo de artistas, participantes y organizadores en la misma ciudad. La discusión en la reunión resultó en un debate contencioso sobre qué, quién, y por qué, ciertas perspectivas deberían de ser debatidas en el evento. Helguera describió este encuentro en su blog como *Un Debate Sobre Un Debate*. Su descripción fue profética. El enfoque de la discusión de la EPD en Buenos Aires fue menos sobre el tema que había sido seleccionado y más sobre la naturaleza de debatir — en particular, un debate sobre las prácticas discursivas de la EPD o sobre la autoría discursiva de Helguera en relación con el arte público y sus públicos.

Alicia Herrro, una artista visual, co-curadora y co-editora de la revista *Magazine in Situ*,* así como participante de la mesa de Buenos Aires, dijo la frase al principio de este artículo: "[Helguera] pensó en Buenos Aires y como percibió que hay un gran deleite por la palabra, por la oralidad, es decir, por el lenguaje hablado, tituló el evento de la EPD en Buenos Aires: Un Debate Sobre el Debate." (El cual de hecho no fue el título del evento sino la descripción que Helguera le había dado a la reunión antes del evento). Luego Herrero pregunta:

---

* *Magazine in Situ* es una revista web sobre práctica de arte contemporáneo en Buenos Aires, Argentina, http://www.magazineinsitu.com

"¿Qué es lo que se debate? ¿Estamos debatiendo el proyecto o el encuentro mismo?", a lo que Helguera responde:

> Alicia pregunta: ¿Qué es lo que debatimos? ¿Qué se debate en estas circunstancias, si esto es el debate sobre el debate? Este proyecto plantea una paradoja, al ser una obra que realmente consiste en esta auto-referencialidad, de debatir la obra misma. Claro, no es la primera obra que hace esto ni será la ultima. Creo que es una parte muy importante de este proyecto, que dentro de este coro de voces que están constantemente peleándose, el objetivo es un poco que esta autocrítica y la crítica misma de la obra termina por constituir el centro de la obra. Si alguien ataca la obra, bueno, es parte de la obra también, y no es tampoco un deseo de evadir las críticas. (P. Helguera, 2006)

Herrero inmediatamente preguntó: "¿Entonces, para vos es importante que se debata, que haya [exista] un diálogo en lo que es tu trabajo en si mismo?" El argumento de Herrero, que abría con una simple pregunta para Helguera, puede ser resumido así: si Helguera quería que los debates y diálogos de la EPD se centraran en la obra misma —un trabajo que como notó Herrero solo había estado en Buenos Aires por muy poco tiempo— entonces la obra no operaba dentro de una dimensión dialógica. Según Herrero, si Helguera hubiera en cambio usado los diálogos de la EPD de forma performática, si se hubiese familiarizado con las problemáticas locales, y si se hubiera involucrado con la gente en esos espacios y tiempos, entonces podría haber creado las condiciones para generar una operación dialógica o de encuentro. De otra forma, reiteró, "¿Qué se debate? ¿Se debate el proyecto de la EPD, o se debate el encuentro?".

Helguera observó:

> Creo que hay muchas cosas para debatir. El objetivo no es debatir la escuela, sino las ideas que están conectadas con el proyecto, como lo están haciendo Azul [Blaseotto] y Eduardo [Molinari]. Creo que también podemos hablar sobre esto; por ejemplo, el tema del arte público me parece importante. Yo veo

este proyecto como arte público, ya que se presenta en el ámbito público. El que tenga dimensiones privadas, bueno, yo tampoco identificaría esto como una cosa privada, no, porque no estamos cerrándole la puerta a la gente [al público], no, entonces yo diría que es relativo. (P. Helguera, 2006)

Con relación a los intercambios anteriores, Herrero critica a la EPD por ser demasiado autorreflexiva. Las observaciones de Herrero son significativas porque esencialmente está pidiendo que los discursos de la EPD adquieran nuevo significado a través de la diferencia de otros signos —en particular de las interacciones—diálogo de la EPD en Buenos Aires —y en relación con los discursos más amplios del arte contemporáneo en el contexto de Buenos Aires. Esto habría requerido que los debates de la EPD se movieran más allá de la autorreferencia y la autocrítica (más allá del *debate sobre el debate*). En el fondo, Herrero le pedía a Helguera que respondiera. El responder es una forma performativa de inquisición, una acción recíproca. Es una forma de ser consciente de la posición de uno, una manera de crear nuestros puntos de vista en relación con otro individuo.

Al final, sin embargo, la EPD de Helguera ejecutó más que su propia autorreflexividad y su historia. Al aceptar las caracteríticas paradójicas del proyecto, Helguera orientó la crítica del trabajo hacia su significado contextual y social acumulado, que es una forma de descentralizar su propia autoridad, en vez de centralizar su legitimidad. De hecho, Helguera no intentó controlar o imponer una dirección particular a los eventos de la EPD o privilegiar el discurso de la obra cuando los participantes se enfocaban en el proyecto mismo. Era esta misma apertura que creaba oportunidades para que una multiplicidad de voces entrara en relaciones dialógicas. Adicionalmente, en los eventos de la EPD, Helguera compartía con los participantes "comentarios positivos y negativos del proyecto por igual". Al hacerlo, él activamente y personalmente probaba sus propios compromisos estéticos y políticos, los cuales eran examinados y evaluados a su vez por sus interlocutores.

Desde una perspectiva bajtiniana, una obra que está organizada y producida de tal manera que activa la lógica interna de la obra misma—es decir, su propia autorreflexividad— es monológica. Una obra dialógica, en contraste, excede los límites de una sola voz y de una sola voluntad; involucra procesos inherentes en las relaciones de otros donde los individuos interactúan en una tensión dialógica. Los participantes en los eventos de la EPD hablaban en tensión dialógica con el autor/artista. Sus voces eran rebeldes, independientes, salientes, en consenso y en desacuerdo. Las interacciones dialógico-interactivas de la EPD demuestran que al contrario del arte autorreferencial y autónomo, Helguera es un artista que piensa de forma dialógica. No esperaba la comprensión pasiva ni el consumo acrítico por parte de los participantes. Tal como ha sido demostrado en estos ejemplos, Helguera no trató de separar o proteger su obra de la fuerza discursiva que los participantes ejercían en la obra. Predominantemente interesado en *entendimiento responsable*, la EPD creaba la potencialiad de reconfiguraciones dialógicas, agonistas y artísticas de los discursos que conformaban el proyecto y sus significados propuestos. Helguera era menos autorreferencial y más un participante en la generación y articulación del texto que conformaba una ideología colectiva. La mayoría de los eventos y la mayoría de los temas que surgían en estos encuentros devenían en textos colaborativos —manifiestos arraigados en la contextualidad específica de cada lugar— discursos que eran generalmente leídos en los espacios públicos.

Las yuxtaposiciones de puntos de vista diversos y diferenciados en los encuentros de la EPD se dirigen a cuestionar las suposiciones autoritativas y sus discursos. En Nueva York, los diálogos de los participantes se centraron en debatir si era posible efectuar un proceso de transformación social mientras que los artistas permanecen dentro del marco institucional del mundo del arte. En Buenos Aires la compleja relación entre el público y sus públicos, y la problemática del arte autorreferencial y autónomo, era interrogada y cuestionada. Yo argumentaría que, aunque con un énfasis diferente, las palabras de Stephen Wright, Azul Blaseotto y Alicia Herrero en los eventos de la EPD apoyaban la noción del dialogismo y de la responsabilidad. En conclusión, la EPD de Helguera no sólo apuntaba a la naturaleza misma de la obra, sino a su reciprocidad, a la serie de preocupaciones ligadas al compromiso social del arte para responder uno al otro. Las interacciones dialógicas de la EPD apoyaban un acercamiento dialógico a la comunicación; creaban espacios para abertura, diferencia de opiniones, ambigüedad, reflexión crítica, y la posibilidad de los participantes de desarrollar su propia voz en relación con los otros a través de la diferencia.

Referencias

Holquist, M. (2002). *Dialogism: Bakhtin and his World* (2nd ed.). London: Routledge.

Adetty Pérez Miles
Doctora en Educación
de Arte y Estudios de
la Mujer
University Park, USA
Abril 2011

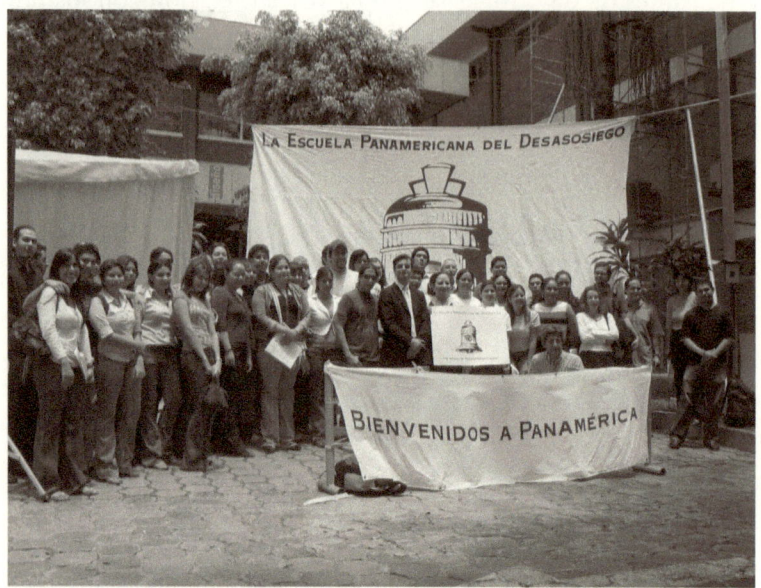

The School of Panamerican Unrest at the University Matías Delgado, San Salvador, El Salvador/
La Escuela Panamericana del Desasosiego en la Universidad Matías Delgado, San Salvador, El Salvador

II.

SOBRE PANAMÉRICA

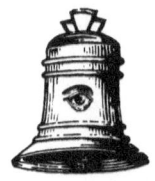

¡Viva la carretera utópica!

Para los primeros que imaginaron la posibilidad de su construcción, la imagen de una Carretera Panamericana —una carretera contínua capaz de unir los 25,800 kilómetros que van de Alaska al punto más austral de la Patagonia— era una poderosa metáfora de conectividad intercontinental. Hoy, la carretera sigue siendo más una abstracción que una ruta real, tal como lo dijo el curador Juan Gaitán en la serie de conversaciones llevadas a cabo en Vancouver: mientras que el ritmo acelerado de la globalización durante las últimas décadas ha propiciado un movimiento sin precedentes de personas y de prácticas culturales a través de Canadá, Estados Unidos y los países de América Latina, ha habido poco intercambio *intelectual* a lo largo de esa misma geografía. Es por eso que el paso de Pablo Helguera y su Escuela Panamericana del Desasosiego (EPD) –una camioneta/escuela/instrumento de discusión– por Vancouver en 2006 fue importante: generó una invaluable discusión entre la viva pero aprensiva comunidad de Vancouver. Eran, además, días de pre-olimpiada en los que los fondos para las artes fueron, como siempre, los primeros en desaparecer cuando el Estado, en plena búsqueda de visibilidad internacional, necesitó dinero.

La ligera, pensante caravana panamericana fue recibida como una bocanada de aire fresco cuando llegó a Vancouver; sin embargo, en esos días difíciles, tuvo también efectos extraños. Primero, la idea panamericana fue vista como un acto liberador y emocionante, ya que los jóvenes con intereses culturales vieron cómo la proverbial "soledad" de Canadá al fin se rompía o, más bien, era perforada por una nueva corriente intelectual e internacional. Esta nueva manera de conectar grupos artísticos singulares, pero a la vez similares entre sí, resonó fuertemente entre los artistas de Vancouver, muy escépticos sobre el papel del "gran arte" en el cínico y posmoderno mundo del arte. Esta rápida camioneta intelectual y artística, que cortaba por la mitad el continente, desde Alaska hasta Argentina, era como una línea vital. De inmediato fue obvio que se había establecido una fuerte, aunque casi siempre virtual, conexión cultural entre grupos de todo el continente.

Desde Vancouver, un día después, uno podía imaginar o seguir a través de la red el progreso de esos vagabundos culturales que habían ido a ciudades diferentes, no siempre centrales, con el fin de señalar la importancia capital de las prácticas cotidianas, de la actividad independiente en áreas rara vez reconocidas por los centros de poder a pesar del sueño de la globalización. La idea de un linaje artístico e intelectual, esencial para el proyecto, provocó sin embargo una reacción opuesta, un instinto de conservación comunal, una defensa de la preservación de la tradición bohemia ya establecida. La discusión sonaba a veces demasiado local, demasiado proteccionista, demasiado centrada en sí misma, delatando la necesidad de tales reuniones y de experimentar esa utopía transcontinental. La idea del viaje panamericano tenía, desde luego, un propósito contrario. A lo que el proyecto de Helguera apelaba era a un concepto crucial en este nuevo mundo en desarrollo: la articulación de redes independientes, la importancia de los nexos entre diferentes lugares y tradiciones. El experimento enfatizaba la importancia de las redes internacionales de artistas que rechazan o encuentran sospechosas las formas tradicionales de trabajo en el mundo del arte, y en ese sentido era una manera de romper con muchas soledades. Helguera logró que la gente se volviera consciente de su propia soledad, y al mismo tiempo se las arregló para destruir esa soledad mediante el pensamiento de lo que puede llegar a ser: una alianza de *mavericks* occidentales. La "periferia" por fin podría hacerse escuchar, en esta época de saber tecnológico, a través de los medios tecnológicamente anticuados del *road-trip*; incluso podría manejar un discurso cultural fresco y sin compromisos; podría ser, en su diversidad, paradójicamente dominante.

Ése fue el propósito, también, de la conferencia de dos días que nosotros (Bill Wood, Kimberley Phillips y yo) organizamos un año después en la Universidad de Columbia Británica (UBC), titulada:

Soledades y globalización: Arte y cultura a través de las Américas, de la posguerra de la Segunda Guerra Mundial al presente con el fin de reafirmar el contorno cultural de las Américas como objeto de investigación y como espacio de diálogo y debate intelectual.

Los puntos que constituyen esta constelación permanecen, sin embargo, aislados entre sí. El empuje gravitacional del discurso se dirige hacia Estados Unidos. Es raro, sobre todo debido al costo del viaje, que se abra un espacio de discusión crítica sobre la esfera visual que involucre a académicos del Norte y del Sur. Esta situación llama a una forma más poderosa de intercambio: una sostenida discusión de ideas, un cuestionamiento de supuestos, una producción de conocimiento a lo largo de las Américas. Nuestro propósito fue reflexionar sobre este momento político y cultural en el despertar de la globalización, particularmente a la luz del acelerado flujo de migrantes, la crisis del Estado-nación y el nuevo fenómeno de las megalópolis. Al cartografiar el terreno contemporáneo de la producción y difusión artística y cultural en las Américas, sobre todo a la luz de la expansión del museo, las publicaciones periódicas y las bienales, así como de la producción de cine y televisión, nuestra atención se enfocó no sólo en las diversas voces que producen tales discursos, también en los poderes que afectan su regulación y diseminación. Nos preguntamos cómo es que los productores culturales e intelectuales reaccionan ante el incremento del flujo de personas, trabajo y capital, y cómo representan y abordan esos temas dentro de sus prácticas visuales y culturales. Eso es lo que el proyecto panamericano produjo y lo que nosotros en UBC continuamos con discusiones y presentaciones. El video/película de Pablo Helguera acerca de su experiencia de viaje fue proyectado y discutido. Nuestro mundo no es igual desde entonces.

                      Serge Guilbault
                      Profesor de Bellas Artes,
                          Universidad de Columbia Británica
                      Vancouver, Canadá
                      Abril 2011

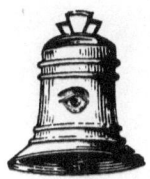

Carretera Panamericana

Cuando despertó, el Tapón de Darién todavía estaba allí.*

Gabriela Rangel
Directora de Artes Visuales,
Americas Society
Nueva York, USA
March 2011

---

* Paráfrasis y adaptación de Augusto Monterroso, "El Dinosaurio," *Obras completas y otros cuentos* (Ciudad de México: Imprenta Universitaria, 1960).

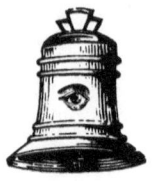

The Very Idea of Panamericanism

Para mí, la noción de "Panamericanismo" remite de inmediato a la imagen del lobo vestido de cordero. Si hacemos un poco de historia, en 1890 se fundó la Unión Panamericana en Washington, "For the development of good understanding, friendly intercourse, commerce and peace."* Controlado por un *Board* integrado por el Secretario de Estado Norteamericano y los representantes diplomáticos de cada uno de los 21 países del sur del continente (sin quedar incluidos Canadá ni los EU y teniendo este ultimo país una función de "arbitraje").

En 1823, Estados Unidos había definido claramente su política exterior. Por un lado fue la primera nación en reconocer la autonomía de los países latinoamericanos independizados de Europa, y por el otro, el Presidente James Monroe, en un histórico discurso declaró: "America para los americanos" lo que se conoce como la Doctrina Monroe. La joven nación hacía patente su distancia con Europa y se autonombraba albacea de los intereses de todo el "nuevo" continente. A lo que siguieron las anexiones de Texas y Alaska, y el control del Canal de Panamá por poner algunos ejemplos prácticos respecto a la aplicación de dicha Doctrina.

En 1940, para el 50 aniversario de la Unión Panamericana, el panorama político vuelve a poner al día la Doctrina Monroe: el peligroso fascismo que se extiende por Europa, enemigo de la democracia, deberá ser combatido si osa invadir tierra americana, ocasión para revindicar vínculos entre amigos y de pasada, reforzar la hegemonía norteamericana en el territorio. En estas fechas, el presidente Roosevelt aumenta un corolario a la Doctrina Monroe, dando a los

---

* Texto impreso en la papelería membretada de la Unión Panamericana.

EU el derecho a intervenir en cualquier país de América en caso de que se pongan en juego sus intereses.

El Panamericanismo ha sido una herramienta política, acompañada de una serie de protocolos pseudo-diplomáticos, pseudo-militares y pseudo-culturales, generadores de prototipos de patrias vaciados de voluntad y encubiertos de grandilocuencias sonoras pero huecas. La misión de la Unión Panamericana, en resumidas cuentas, ha sido la de ponerle una medallita a los países que se portan bien, orquestando un gran concierto de naciones bajo la batuta del *"American way of life"*.

Hasta principios del siglo XX, al sur de la frontera comenzaba lo ignoto de un continente falto de civilización, poblado de indígenas y heredero de la corrupción y los excesos del Estado y la Iglesia colonialistas. Sin embargo, en la Segunda Guerra Mundial y especialmente durante la Guerra Fría, el país hegemónico parece reconocer en sus camaradas hispanoamericanos una modernidad emergente y encuentra en las vías de la diplomacia la mejor manipulación para potencializar su imperialismo cultural y económico; sin necesidad de asomar el brazo del control armado.

Para avanzar con una estrategia de dominio ideológico y mercantil efectivo, resultó igualmente prioritario generar una pantalla discursiva que no escatimara en buena voluntad y fraternidad entre vecinos. La Unión Panamericana conjuntó a las 21 naciones latinoamericanas haciendo odas a sus dones y sus bienes. A su vez, este riquísimo nuevo continente, cornucopia de bondades naturales y de diversidades culturales, siempre se ha esmerado* en complacer las iniciativas panamericanistas del norte con gestos que no mesuran su exotismo. Para la Feria Mundial de Nueva York, en 1939, Venezuela envía diariamente orquídeas frescas a su pabellón, mientras que Cuba recibe al público con excelsas mulatas con el pecho al descubierto, bailando ritmos tropicales. El dictador de Nicaragua Anastasio Somoza, fue gran fan de las ferias mundiales, asistiendo tanto a la de San Francisco como a la de Nueva York, 1939-40.

A los 50 años de la fundación del Panamericanismo, hay otra misión importante, la de expandir el culto al automóvil y las supercarreteras como proyecto medular para acceder a la modernidad,

---

* Con sus excepciones.

objetivo de todo gobernante sudaca. Unidos por serpenteantes caminos, los países del Sur se conectarán con el Norte, abriendo sus puertas al turismo y facilitando las importaciones y las exportaciones. Las vías asfálticas son anuncio de la llegada del progreso a todos los rincones del continente por lo que avanzar en la construcción de estas vías comunicantes era el mejor símbolo de colaboración con los Estados Unidos; es así que en la Feria Mundial de Nueva York, el pabellón mexicano anunciaba sus zonas arqueológicas y sus playas paradisíacas como *stops* en la gran Carretera Panamericana, proclamando sus destinos como los más baratos sobre la ruta.

Sin embargo, la nacionalización del petróleo en 1938, resultó un molesto acto de autonomía por parte de los mexicanos, que como pocos otros eventos en la historia panamericanista, enfureció a Washington. La CIA, con un manejo de contra-información bien escatimada, insertó en los medios acusaciones de comunismo y de quintacolumnismo (profascismo) en México, dando la imagen de que el General Cárdenas tenía al país fuera de control, pero al mismo tiempo lo invitan en 1940 a hacer una importante exposición en el MoMA: "20 Centuries of Mexican Art" ("20 Siglos de Arte Mexicano") que es seguida por una especie de ola *fashionista* que hace exclamar al editor de Vogue *"New York Goes Mexican!"*. La tienda departamental Macy's mexicaniza los artículos del vestir y del hogar, condimentándolos con la "mexicanidad" sustraída, por sus audaces diseñadores y vendedores, de las obras de arte y de folklore expuestas en la muestra del MoMA.

A su vez, como parte de los festejos cincuentenarios, la Unión Panamericana realiza varias fiestas temáticas dedicadas a los países latinoamericanos en el Museo de Historia Natural. Estrategias todas a cargo de Nelson Rockefeller, Presidente del MoMA, encargado por el gobierno de Roosevelt de las relaciones con Latinoamérica, agente de la CIA y rico heredero del oro negro. Gestor también del giro hacia el *Abstract Expressionism* con el que dotó a los norteamericanos de su propia Escuela moderna de pintura. Y de pasada, desactivó el arte político y social que los muralistas mexicanos estaban inoculando entre los artistas norteamericanos con tendencias más liberales.

Pero Latinoamérica, del otro lado del montaje panamericanista, aún no deja de ser un pueblo en descontento, con una clase intelectual desasosegada y un movimiento cultural que se resiste. Pablo Helguera llevó a cabo un descomunal proyecto artístico. Del 19 de mayo al 15 de septiembre de 2006 viajó con su Escuela Panamericana del Desasosiego, de Anchorage, Alaska a Ushuaia, Argentina, haciendo 27 paradas, para presentar un foro nomádico de intercambio cultural, con discusiones, performances, cineclub, etc. Con esta mega-acción, Helguera hace una importante labor de "*ground*". El medio artístico e intelectual latinoamericano siempre ha sido seducido por los grandes centros del saber y del arte que se desarrollan en Estados Unidos, más difícilmente hay interés en crear circuitos alternos; sin la luz del centro nada se ve alrededor. En general los países latinoamericanos han sido poco capaces de generar redes identitarias o culturales entre sí. La Escuela Panamericana de Pablo Helguera vino a colaborar con nosotros, para aprender a hablar entre nosotros.

Simón Bolivar proclamaba "para nosotros la Patria es América". El proyecto de Helguera recuerda el bolivarismo, rescatando esa parte romántica y utopista de la unión entre las naciones americanas. En el ánimo de lo que el libertador deseaba, la Escuela del Desasosiego se abocó a crear lazos y mancomunidad entre las Américas autónomas. Al recorrer físicamente las distancias del continente el artista fue hilando con su presencia un tejido de interrelaciones que dan relevancia a lo local. En vez de atraer hacia el centro, su escuela va hacia las periferias. Helguera se refiere a sus estrategias como transpedagógicas, entendidas como una manera de apoyar a que los emisarios artísticos y culturales, convocados en su ruta, reubiquen su misión y siembren en el territorio propio. Las voces unidas a lo largo del encuentro, se propusieron reivindicar el descontento, la comezón y la crítica, que movilizan siempre de manera original a las propuestas artísticas.

Itala Schmelz
Directora Museo de Arte
Carrillo Gil
Ciudad de México, México
Marzo 2011

III.

LOS DISCURSOS PANAMERICANOS

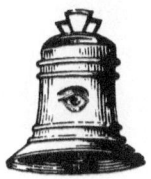

Pablo Helguera

DISCURSO PANAMERICANO*, 2006

Panamericanos:
Me encuentro entre ustedes hoy para hablar acerca de un lugar donde todos vivimos, al cual sin embargo, le prestamos poca reflexión. Es un lugar a través del cual he emprendido un largo viaje en busca de alguna parte de su esencia. Este lugar se llama Panamérica.

No puedo negar que estoy abarcando, en este viaje, el más ambiguo de los términos, la más relativa de las creencias, y la mas grande de las abstracciones. Pero si bien podría parecer erróneo el creer aún en ideales, también sabemos que las naciones y las sociedades mismas no han sido construidas solo a base de pragmatismo.

Busco a Panamérica, confieso, a veces con desapego, con escepticismo, pero al mismo tiempo con esperanza, con la esperanza de redefinir, y recobrar, una palabra que ha sido manipulada, distorsionada, y hasta secuestrada por la ideología y la retórica.

---

* Discurso inaugural de la Escuela panamericana del desasosiego leído por Pablo Helguera en Ellis Island, Nueva York, el 5 de mayo del 2006.

Quiza busco a Panamérica porque quiero saber si su verdadero espíritu murió con nuestras desilusiones económicas y sociales del siglo veinte.

Quiza busco a Panamérica porque ansío recobrar el sentido del propósito que caracterizó a nuestros antecesores. Quiza la nombro porque el sentido de unidad, de integración, y la dimensión de responsabilidades que nos otorgaba cierta identidad, ha desaparecido. Hoy vivimos a base de escepticismo y miedo y frustración.

Las Américas se multiplican en teorías y fantasías. Hay Américas perdidas, y hay Américas imaginarias. Un sinnúmero de utopías se han dado en América. Los mormones y los Shakers buscaron armar aquí sociedades ideales. Simón Bolivar imaginó una América unida, José Martí la llamó Madre América, José Vasconcelos imaginó una raza cósmica, que, mezcla del hombre occidental y el indígena, herederaria el futuro. Para John Donne su amante era su América, para Pablo Neruda su América era su amante.

Y si bien el panamericanismo ha existido como sueño de unión, ha existido también como sueño de posesión. Desde la Doctrina Monroe hasta la política del buen vecino, y desde la colonia hasta las dictaduras militares, hemos invocado al panamericanismo no con la inclusividad de su término sino para el servicio de unos pocos.

Pensamos que la libertad económica nos traería libertad política, y erramos. El nacionalismo es populismo, el neoliberalismo ha fallado. Nuestros sueños de identidad nacional fracasaron en Tlatelolco, Santiago y Buenos Aires entre 1968 y 1973. Se nos da la opción entre hegemonía o dictadura. Hemos dibujado las caricaturas de nuestras más grandes aspiraciones.

¿Por qué buscar a Panamérica entonces? Quiza porque al final nos une la educación, la integración social, los tangos, los boleros, y las telenovelas, y el aceite, y el grano, y el turismo. Quiza porque somos identidades en busca de nuestro autogobierno. Quiza porque somos aún un joven continente, en pleno desasosiego, y reconstrucción, dependiente e independiente. Quiza porque creo que la idea de Panamérica no le es ajena a la empresa corporativa, y quiza por esa razón es nuestro deber el impedir que este dialogo sea sólo de naturaleza comercial, que sea, asimismo, un diálogo cultural.

Un viaje como este no puede ser realizado por gobiernos o instituciones. Nos corresponde a nosotros, los individuos, el comunicarnos. De manera que en este viaje buscaremos esas voces de diferencia y similitud, y trataremos de hacerlas oir ante los demás.

Buscaremos a Panamérica al transitar por lo anónimo y lo desconocido, para reconocernos a nosotros mismos en algún aspecto de todo lo ajeno, reencontrando nuestras memorias, nuestros ideales, y nuestros fracasos. Y trataremos de entenderlo con el lenguaje del arte, que no ofrece datos precisos ni evaluaciones cuantitativas, pero que en cambio nos ofrece otra clase de conocimiento y nos conecta de formas necesarias.

No trataremos de crear mitos, sino de entenderlos; no trataremos de encontrar para poseer, sino para intercambiar; estudiaremos con ojo crítico aquello que ha sido glorificado y revaloraremos lo que ha sido menospreciado. No buscaremos predicar sino escuchar, y en vez de mitificar buscaremos documentar. Y sin que importe hasta dónde lleguemos, deberemos siempre recordar que Panamérica se encuentra en todos y cada uno de nosotros, puesto que es un lugar que antes que nada se encuentra en nuestra mente, y es en ella donde deberemos encontrar nuestra guía fundamental y nuestras verdades más profundas.

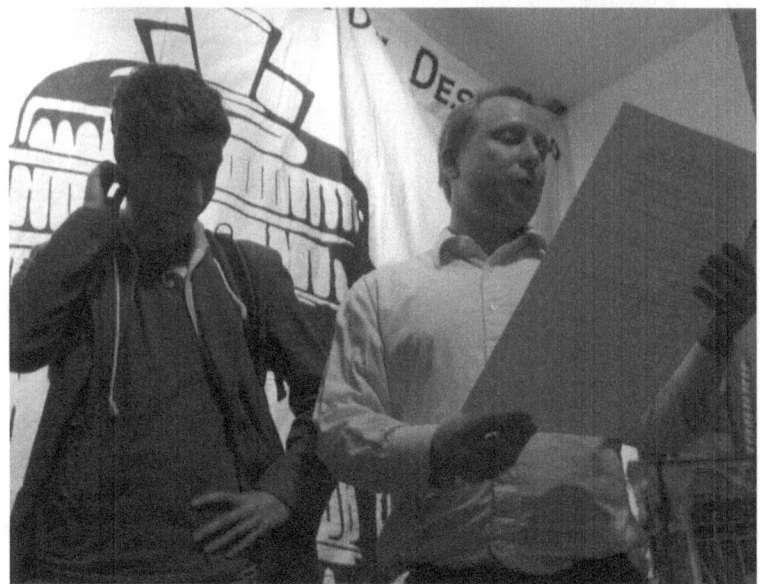

Lance Blomgren reading the Panamerican Address of the People of Vancouver/
Lance Blomgren leyendo la Declaración panamericana de la gente de Vancouver

DISCURSOS PANAMERICANOS

Siguen los documentos colectivos que surgieron en los debates y talleres de la Escuela Panamericana del Desasosiego. En cada ciudad, con la participación del público en general e individuos involucrados en el quehacer cultural local, se buscó generar un documento a forma de discurso o manifiesto, articulando problemáticas locales y proponiendo dispositivos de acción.

Cada discurso fue leído colectivamente durante una ceremonia que le daba cierre al proyecto a su paso.

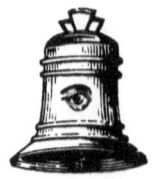

EL DISCURSO PANAMERICANO DE LA GENTE DE VANCOUVER

Nosotros, los ciudadanos de Vancouver, en este día sábado 27 de mayo del 2006, en la galería Helen Pitt localizada en el distrito histórico de Gastown de esta ciudad;

Dado que reconocemos que la Columbia Británica es nuestro hogar o tierra nativa, remontándose a su incorporación en 1886 como provincia de la nación del Canadá;

Dado que la Columbia Británica fue el punto terminal en el norte de la exploración colonial española, la cual conecta a Vancouver con una larga historia en las Américas, y que ha recibido la inmigración de muchas otras comunidades tales como los Squamish, Musqueam, Stó:lo, Tsleil-Waututh, japoneses, chinos, sikh, holandeses, ingleses, finlandeses y otros que hayamos omitido;

Dado que reconocemos que esta región ha sido definida por incertidumbre e inestabilidad, como tierra en conflicto y en constante proceso de reposesión;

Dado que reconocemos que esta tierra se caracteriza por un proceso de cambio, representado por sus arrollos e incendios subterráneos;

Dado que reconocemos la lluvia;

Dado que reconocemos la ansiedad de los residentes por una cultura y economía obsesionada con las bienes raíces, sabiendo que este énfasis crea resultados brutales en las vidas de individuos y comunidades;

Mientras que la industria de los bienes raíces en la ciudad de Vancouver está tratando de enterrar la memoria histórica de la ciudad con grava y roca, y dado que reconocemos que las fuerzas de construcción ponen en peligro la memoria de este ambiente y su historia cultural;

Dado que proclamamos nuestro derecho a pasear desnudos por Vancouver y considerarlo arte, y también a rehusarnos a considerarlo arte; proclamamos el atractivo de nuestras prótesis, tanto las naturales como las sobrenaturales;

Y mientras que reconocemos que somos parte de un proceso constante que borra patrones de uso como en cualquier otra ciudad;

Reconocemos que esta incertidumbre es una señal de urgentes problemas endémicos que deben de ser confrontados y solucionados;

El suelo de Vancouver se está quemando desde adentro;

Proclamamos nuestro deseo de desafiar la sobre-producción y el sobre-consumo, especialmente cuando se aplican a modelos capitalistas de hacer arte, y cuando el enfoque se convierte en el hacer y mostrar más, alejándonos de nuestros verdaderos objetivos a través del exceso de trabajo;

Tenemos un sueño para Vancouver, sabiendo que Vancouver es en sí un sueño;

Nuestras nociones de comunidad y de lo local no excluirán al nómada al trans-nacional ni al trans-cultural;

Proclamamos nuestra determinación para crear una red de artistas que ayuden a rectificar estos temas, construyendo un frente unido hacia los siguientes ideales: la preservación de la memoria, el fomento a la cultura local, y la apertura de un espacio para soñar con lucidez.

Firmado: Lance Blomgren, Trevor Boddy, Charo Neville, Aaron Peck, Carey Ann Schaefer, Pablo Helguera (secretario)

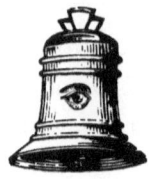

EL DISCURSO PANAMERICANO DE LA GENTE DE PORTLAND

Nosotros, los ciudadanos de Portland, en este día jueves primero de junio del 2006, en la Feldman Gallery del Pacific Northwest College of Art, en el Pearl District de la ciudad de Portland, Oregon, Estados Unidos de América;

Dado que reconocemos que la ciudad de Portland tiene una fuerte tradición de apertura y desacuerdo que incluye el rechazo de la segregación racial, el apoyo a la empresa local y al fomento de los programas sociales;

Mientras que reconocemos que Portland es una ciudad donde uno coloca objetos gratis en la puerta de sus casas, y que por ello somos una ciudad de cajas gratis, y no de centros comerciales en forma de caja;

Mientras que reconocemos que, a pesar de esta tradición, existe una prevalente y alarmante apatía a la participación política en la comunidad de Portland, donde el registro del voto y la votación ascienden solo al 35%;

Mientras que reconocemos que hay un largo trecho entre la idea de la comunidad y la práctica crítica de ésta;

Dado que reconocemos que los residentes de Portland tienen calcomanías de carro con la leyenda "Salvemos la rareza de Portland" y que esta idea es sintomática de la tendencia a retener nuestro espíritu como liberal mientras que nos separamos del resto del país;

Dado que reconocemos que la necesidad de generar un panorama concreto de cambio paradójicamente está imposibilitada por nuestra apertura a incorporar todo desacuerdo;

Nos resolvemos a hacer arte que salga de la galería de ideas y hacia una manifestación de ideas concretas;

Haremos arte que sea participativo y erradicaremos la apatía;

Instauraremos una búsqueda de los valores recuperables de los cuales ahora sólo sentimos nostalgia,

Seremos afirmativos e imaginativos, y creemos que al inspirar la acción de otros la comunidad en general actuará con sabiduría.

"Todos somos los otros, y todos somos nosotros mismos".

Firmado: Seann Brackin, Emily Franz, Dante Fugazzotto, Kelly Martin, Mack McFarland, Jamie M. Rea , Holcombe Waller, Pablo Helguera (secretario)

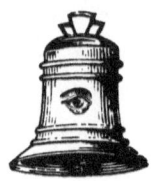

POSTAL DE CALGARY

Queridos Panamericanos,

Nosotros, residentes canadienses y no-canadienses que se citan en este día, 3 de junio del 2006, en la plaza olímpica de Calgary, Alberta, escribimos esta postal como recuerdo de nuestro encuentro aquí.

Reconocemos la mitología de Calgary del Oeste, la frontera, el oro negro, y la quimera del éxito;

Reconocemos asimismo, que el mito se alimenta a lo largo de Panamérica — y que la frontera siempre está fuera de alcance;

Reconocemos que la prosperidad de Calgary es incompleta, puesto que la privatización ha sido construída mientras que los servicios públicos han sido ignorados;

Como agentes culturales, reconocemos que incluso si no podemos resolver los problemas del mundo, sí podemos decir algo acerca de esos problemas. Somos decidores de verdades, comunicadores en el interés de incrementar diálogo;

Reconocemos la necesidad de un discurso crítico, escrito, hablado, y actuado, y creemos que las artes son parte de una comunidad saludable;

Proponemos el desarrollo de comunidades que se muevan más allá de mitologías históricas y transnacionales, enfatizando fortalezas culturales y perspectivas multi-facéticas al lado de estas narrativas históricas.

Nuestro sueño para Calgary como visitantes y residentes, incluye avenidas sin autos, vivienda accesible, y una expansión de la identidad más allá del pozo petrolero.

"Todos somos los otros, y todos somos nosotros mismos"

Firmado: Jen Rae, Joseph del Pesco, Nicole Burish, Robert Labossiere, Mé Schofield, Jessica Wyman, Emilie O'Brien, Joni Murphy, Morgan Sea Thomson, Jennifer Crighton, Joey Dubuc, Drew Anderson, Mooky Cornish, Pablo Helguera (secretario)

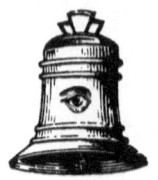

EL DISCURSO PANAMERICANO DE LA GENTE DE SAN FRANCISCO Y EL BAY AREA

Nosotros, la gente de la ciudad de San Francisco y el Bay Area, en este día, Domingo 25 de junio del 2006, en el Museo de la Diáspora Africana localizado en la ciudad de San Francisco, California;

Mientras que reconocemos que el Bay Area de San Francisco contiene una fluída comunidad artística que resulta de ser un centro migratorio por tantos años;

Mientras que reconocemos la historia de alianzas y realidades de vivir en la costa del pacífico, construída históricamente por culturas que vinieron del pacífico así como de Asia, Latinoamérica, Canadá y el movimiento hacia el Oeste;

Siendo que, debido a esta historia, ha habido una gran conexión y colaboración entre grupos étnicos que han tenido que coexistir, llevando históricamente a un clima de colaboración social y activismo, incluyendo las huelgas estudiantiles de 1968 y 69, el movimiento de la libre expresión, el Black Panther Party de los 60s en Oakland, los Black Berets de los 70s y los Beatniks. Esta región ha sido caracterizada por ser la primera en reconocer la importancia de figuras como César Chávez y Malcolm X;

Hoy, en este día que marca el desfile del orgullo Gay de San Francisco, queremos hacer notar que tales expresiones de libertad son fruto del Movimiento de los Derechos Civiles, que dan cabida a las muchas facetas de expresión que aquí se aceptan;

Entre todo esto, los artistas que tratan temas de raza, cultura e historia, así como aquellos que no tratan de estos temas pero que provienen de etnias específicas y no predominantes, han sido recibidos en esta región y se han convertido en un aspecto intrínseco del activismo del Bay Area;

Desde el primer día hemos estado en este momento, tiempo y espacio. Estuvimos aquí, en la historia, en el momento. No éramos invisibles entonces, no somos invisibles ahora;

Reconocemos que hay una carencia de educación histórica en la práctica curatorial que enfatiza los intereses del mercado en vez de un entendimiento cultural fluído;

Puntualizamos que el arte es más que el entretenimiento; que es una expresión más profunda y sincera de la experiencia humana;

Debido a que estas historias del arte son experiencias valiosas para una población en general, queremos expandir estas historias de diferencia para todos;

Aquellos de nosotros cuyas experiencias no se consideran universales, rechazamos el universalismo, y las narrativas históricas universales;

Como artistas y curadores, hacemos modelos del mundo, y mientras que tratamos de mantenernos a nosotros mismos al realizar nuestra labor, seguiremos en las comunidades realizando el cambio;

Queremos cambiar la manera en que el mundo pueda ser visto, lo que el arte puede ser. Queremos avanzar la pregunta de lo que es el arte, sin que exista una sola respuesta;

Queremos abrir las oportunidades para formas de pensar más amplias, reconociendo al arte como juego pero como un juego serio;

Buscamos el desafiar a las instituciones y poner energía continuamente para educar a la juventud para tener una vida viable;

Estamos determinados a movernos más allá de los términos institucionales de representación y de especificidad cultural, reconociendo que el trabajo de un individuo no sólo es el reflejo de sí mismo sino de los otros; que todos somos, de hecho, los otros.

Firmado: Kaya Fortune, Richard Godínez, Mildred Howard, Dru Harshaw, Nishat Kurwa, Lizzetta LeFalle-Collins, Praba Pilar, Eduardo Pineda, Tere Romo, Pablo Helguera (secretario)

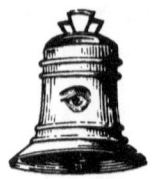

EL DISCURSO PANAMERICANO
DE LA CIUDAD DE MÉXICO

Hoy, 7 de julio del 2006, en la Sala de Arte Público Siqueiros de la ciudad de México, el grupo de individuos aquí convocados por la Escuela Panamericana del Desasosiego concordamos en lo siguiente:

Que el significado de los términos Panamérica, Hispanoamérica, y Latinoamérica se ha transformado a lo largo de la historia;

Que el Panamericanismo es un término que aunque suene bolivariano está cargado de connotaciones de Guerra Fría;

Que nos preguntamos si el uso de las nociones de Latinoamérica o Hispanoamérica obedece más a un interés comercial que a una realidad política o cultural;

Que consideramos que México opera como una bisagra cultural en el continente americano, y que la mexicanidad ha sido y es un surtidor intenso de fuerzas estéticas y de inspiración a artistas dentro y fuera de su territorio;

Que a los artistas en México se les suele asignar el papel de portavoces del pueblo, tanto por la mediatización como por el voraz mercado internacional;

Que en realidad ha habido un quiebre en la noción de representación cultural por razones históricas que ha hecho que las nuevas generaciones se hayan alejado de esta supuesta representatividad;

Que el arte a nivel global no tiene representaciones sino que las juega en la medida de su propio engaño;

Que, como tal, consideramos que un sistema de representaciones es un sistema de exclusiones, y por ende, éste documento es el resultado de un grupo de voces que no representa más que a sí mismas y busca generar un momento de reflexión y de preguntas;

Que el arte nos permite estar en constante movimiento para cuestionar los discursos de verdad, de realidad, de democracia. El arte nos otorga la capacidad de actuar creativamente en la incertidumbre y con libertad en el caos;

Que el arte público que hacemos se diferencia del concepto de monumentalidad histórica o de esteticidad;

Que nuestras intervenciones sociales como artistas o productores culturales no ofrecen un sentido de redención en el vínculo con la comunidad, pero buscamos en cambio las pequeñas agrupaciones, las comunidades en flujo, el contacto directo, con ciertos elementos de la sociedad para generar una energía de producción;

Que no vemos nuestro papel como seres mesiánicos ni redentores sino que queremos ofrecer laboratorios, queremos que haya movilidad en las instituciones y en los sujetos que producen;

Que la tranquilidad y la estabilidad es una idea mítica;

Que el arte ofrece un estado permanente de movilidad que es necesaria frente a la definición de la identidad tribal, es el estado en el que nos toca vivir;

Que vivimos el fin de la disciplinareidad y el derrumbamiento de las fronteras, buscaremos operar en relaciones consanguíneas de afinidades y desasosiegos.

Contribuyeron a su redacción:
Maris Bustamante, Itala Schmelz, Erick Beltrán, Javier Toscano, Jorge Reynoso Pohlenz, Lourdes Morales, Carla Herrera-Prats, Daniela Wolf, Sofía Olascoaga, Francisco Reyes Palma, Pablo Helguera (secretario)

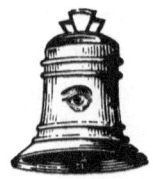

EL DISCURSO PANAMERICANO DE LA CIUDAD DE MÉRIDA

Vemos a Yucatán como una región de gran tradición local donde también se ha hecho arte transgresor, y se cuenta con una rica tradición creadora en ambos aspectos; y declaramos: Que el arte yucateco contiene una valiosa ironía que reconocemos.

Que hay un estigma en los diferentes grupos, prejuicios y fragmentación, así como un arraigo excesivo a ideas cerradas; Que el arte que se produce en esta región ha vivido un proceso de profesionalización gracias a eventos recientes como la creación de varios espacios de formación artística;

Que sin embargo hay una predominancia de filtros que neutralizan estos intentos, y donde cualquier acto medianamente divergente es visto como profundamente trasgresor; que el mercado del arte existe pero es decorativo;

Que en Mérida se carece de un análisis crítico de lo que sucede en el ámbito artístico;

Que consideramos que el fin no es necesariamente transgredir sino ejercer el arte como lo consideremos necesario para reflejar nuestras ideas;

Vemos como resultado dos tendencias básicas en la práctica artística: la negación total de todo lo yucateco por un lado, una imitación de modelos comerciales del primer mundo pero emprobrecidos y por otra parte, el arte que alimenta estereotipos obsoletos;

Mientras que estamos generando un círculo de artistas profesionales, nos proponemos romper con este mismo círculo que nosotros mismos creamos para llegar al resto de la comunidad.

Declaramos el mes de octubre en Mérida como el Mes de la Crítica;

No queremos imitar pobremente al primer mundo ni buscamos caer en estereotipos para vender artesanías tratando así de ser felices.

Consideramos por ello importante ubicarnos en este contexto local e histórico donde nos encontramos, que proviene de la tradición, a la cual consideramos importante darle cabida a pesar de que en ocasiones estas prácticas caigan en ciertos clichés.

Queremos globalizar sin caer en la globalización, exportaremos nuestra ironía como las "bombas" y el huipil de Sandra; seremos terriblemente contemporáneos.

Necesitamos profesionalizar el arte en la región, expandir el debate público, crear puentes entre las diversas disciplinas.

Seremos Yucatecos pero no nacionalistas.

Aceptamos nuestra referencia contextual, nuestra situación geográfica y nuestras características culturales.

Firman de conformidad: Pedro Medina Puch; Natassja López Castillo; Débora Carnevali Ramírez; Omar Góngora Guzmán; Naomi Rincón Gallardo; Katie Usher; Raúl Moarquech Ferrera-Balanquet; Efrén Canul; Alonso Quijano; José Juan Cervera; Mónica Castillo; Vanessa Rivero; Flor Celeste Torres López; A. Omar E. Rosiles; Monica Cachón; José Gabriel Quintal Larrocha;Ricardo Helguera Febles; Iván Escalante Victoria; Edgar Canul; Sandra Paloma; Oswaldo Canul Díaz, Pablo Helguera (secretario)

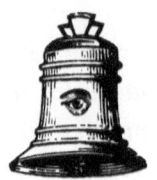

CONSTITUCIÓN PANAMERICANA
CAPÍTULO GUATEMALTECO

Nosotros, próceres de la ciudad de Guatemala, este 18 de julio del 2006 en la zona 4 de Guatemala, declaramos a la Constitución Panamericana:

ARTÍCULO 1. Erradicaremos la timidez para expresar nuestras ideas;

ARTÍCULO 2. El Estado proveerá tenis con patines incorporados para cruzar el desierto de manera que circule el aire bajo la planta de los pies. La inmigración llegará más lejos, y nos permitirá su exportación.

ARTÍCULO 3. Lo que a nosotros nos sobre y a nuestros hijos deje de servir deberá hacer felices a los más pobres;

ARTÍCULO 4. A través del sueño de los que duermen despiertos se proclama que la silla es para sentarse;

ARTÍCULO 5. Construiremos teleféricos para cruzar todos los barrancos, para brincar los abismos panamericanos: físicos, históricos y de desarrollo sostenible;

ARTÍCULO 6. A los padres irresponsables se les convertirá en madres;

ARTÍCULO 7. Es preciso que murás aquí, que desaparezcás aquí, bajo el cielo, sobre la tierra. Es preciso que muramos aquí, donde nacimos.

ARTÍCULO 8. Proclamamos la libertad trascendental de quitarnos los zapatos;

ARTÍCULO 9. Los centros comerciales quedan prohibidos como

centros culturales, la diversión no sólo trae etiqueta; el mol es el mal de la sociedad;

ARTÍCULO 10. Ante los medios de comunicación se declara escepticismo: ver, oír y nunca callar;

ARTÍCULO 11. En la era de la comunicación, crecerá la lista de contactos tanto como la soledad.

ARTÍCULO 12. Se declara el suicidio, colectivo o individual, como vía legal para obtener la libertad final;

ARTÍCULO 13. El gobierno construirá autobuses elásticos de hule para acomodar infinitamente a los pasajeros;

ARTÍCULO 14. La mezcla de culturas y de razas enriquece. Se promoverá la mezcla de razas, a través de la migración.

ARTÍCULO 15. Esta constitución como otras que se han escrito está sujeta a manipulaciones, interpretaciones y tergiversaciones;

ARTÍCULO 16. Y, a través del fútbol se promoverá la unidad panamericana, multicultural, plurilingue y participativa (excluyendo a Argentina y Brasil).

Firman de conformidad: Esperanza de León; Yasmin Hage; Clyver Leal; Maya Lemus; Edwin Siekavizza; Luisa Larios; Aisza Zuzara; Josenrique López; Naufus Ramírez Figueroa; Lourdes de la Riva; Isabel Ruíz; María Victoria Veliz; Jorge de León; Jessica Kaire; Maurilio Mendoza; Damaris Boche ; Estefania Valls Urquijo; Alejandro Noriega; Pablo Helguera (secretario)

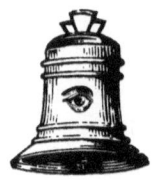

EL MANIFIESTO DEL 20 DE JULIO DEL 2006 DADO EN LA SEDE DE LA ESCUELA PANAMERICANA DEL DESASOSIEGO, EN SAN SALVADOR

En la Universidad Dr. Matías Delgado de San Salvador este 20 de julio del 2006, declaramos:

Que El Salvador pasó por una época difícil de crisis, guerra y trauma social, que aún después de la firma de los acuerdos de paz, hay heridas que no están cerradas y que se pueden remontar hasta 1932 con la matanza de indígenas bajo la dictadura del general Martínez;

Que este trauma colectivo no ha sido realmente confrontado por el arte local; que mucho arte local ha caído en cambio en lo panfletario o en lo folklórico;

Que hay mucho temor en la actividad artística local que permite caer en lo decorativo para ser aceptado y poder subsistir;

Que a pesar de que se anuncia la libertad de expresión en el país, cuando ésta se ejerce de forma crítica, viene acompañada por un rechazo colectivo y bombardeo de amenazas hacia las visiones verdaderamente disidentes;

Que reconocemos que en nuestro país se enfatiza el generar patrones de comportamiento, y que nos hemos hecho expertos en producir un tipo homogéneo de producto y de persona, lo cual ha degenerado en la población en indeferencia y falta de deseo de aprender por uno mismo;

Que toda actividad creativa no deja de ser anarquista y sin embargo toda producción creativa es también colectiva; Que el miedo al fracaso ha minado la cultura, que nos hemos hecho expertos en criticar a las personas sin entender su deseo de superación;

Que vivimos quizá el "Síndrome del Mágico"*, por el hecho de que se presentan las oportunidades pero que las dejamos pasar para luego arrepentirnos, que se valora mucho más el producto que el proceso y el querer recibir todo masticado; Que se requiere que el sistema educativo se reforme para no olvidar lo que pasó ayer, para no golpearnos con la misma piedra en los dientes;

Que el arte no tiene que servir un propósito práctico determinado, ni puede ser definido en base a su viabilidad económica, porque de otra manera deja de ser arte como tal;

Que el gobierno no deberá de estipular una clase de enseñanza con memoria selectiva, sino que se deberán de enseñar las diversas interpretaciones y perspectivas de la historia, y muy particularmente de nuestro convulsionado pasado reciente;

Que la supuesta "independencia de la ignorancia" no se va a dar a través de recetar una manera de aprender que esté dirigida a generar trabajadores para el TLC;

Que el aprendizaje, y particularmente en el arte, no se cuantifica con números, y que por ello buscaremos aprender de manera independiente, para comprender y compensar nuestros vacíos. La creatividad es la verdadera fuerza del aprendizaje.

No esperaremos a que otros traigan los cambios, sino que seremos los primeros en mover la pierna. Resolveremos nuestros problemas sin miedo al fracaso, con el ingenio del subdesarrollo, aunque sea con tirro;

Seremos nuestros propios jefes, aprovecharemos la habilidad de cada quien, cuando sea necesario trabajaremos en contra de la corriente, trabajaremos para ser lo que queremos ser, buscaremos nuestro potencial creativo;

Desde que tenemos uso de razón hemos oído definiciones de arte, y aunque quizá nunca lleguemos a una definición final de lo que es el arte, lo único que sabemos es que lo tenemos que hacer;

Venceremos retos siendo nosotros mismos, buscando nuestros

---

* "El Mágico" es el jugador de futbol más conocido de El Salvador y se le considera símbolo nacional de oportunidades fallidas.

propios caminos; basado en hacer proyectos concretos, paso por paso. Llegaremos a ser lo que queremos ser.

Firmado: Barney (Carlos Castellanos), Ronald Morán, José Rodríguez, Luis Sagastume, Pedro Rodríguez, Nelly Guevara, Roberto Avilés, Miguel Angel Leyva, Ricardo Clement, Rocío García, Pablo Helguera (secretario)

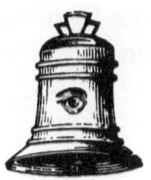

EL DISCURSO DE TEGUCIGALPA

En Tegucigalpa, Honduras, hoy, lunes 24 de julio en la Galería Nacional de Arte de Honduras, declaramos lo siguiente:

Que en la vida cultural de Honduras se ha perdido un cierto grado de identidad causado por la revolución informática, la cual ha generado más confusión que un sentido crítico de cómo hacer arte;

Que difícilmente se puede ser apolítico en el clima actual, y que la actividad artística es una de las mejores plataformas para abordar temas de relevancia social;

Que la información que provee el internet y la era tecnológica no nos ayuda a menos de que sepamos procesarla y verla con ojo crítico;

Que se ha gestado una cultura genérica de enajenamiento entre la juventud, donde giramos en un mismo círculo,

Que no podemos mantenernos grises, sino que hay que buscar en la basura, y saber qué debemos tomar y qué expulsar en nuestra práctica, a pesar de nuestros gustos y nuestras alergias;

Que debemos abrirnos y abrir nuevos espacios artísticos sin sectarismo para la participación de un nuevo público, que debemos sacar al arte de las galerías y llevarlo a casas y departamentos;

Que no se trata de rebajar el lenguaje artístico, sino que hay que replantear la educación artística y reestablecer la definición de lo que es la profesión del artista. El primer espectador que hay que educar es el artista mismo;

Que la cobertura de artes suele limitarse a la nota social, y que sus autores llegan a la fiesta pero nunca llegan como verdaderos espectadores o críticos;

Que queremos un nuevo espectador, la nueva audiencia, el nuevo arte que se adapte a la tecnología y cuestione los habitos mentales; y el arte se tiene que adaptar a los nuevos formatos de percepción;

Que queremos generar un aparato crítico con esta nueva sensibilidad artística. Se educará a las personas encargadas de la sección social de los periódicos;

El arte no es una revista de chismes o de deportes; Los medios de comunicación han confundido el término cultura con espectáculo, y por ello nuestra propuesta consistirá en realizar publicaciones con contenido cultural,

Que los mandatarios de nuestros países no han advertido que lo que los va a hacer trascender es nuestra cultura y nuestro arte, que el arte público nos va a hacer trascender como país;

Que queremos que cuando se piense en Honduras no se piense en la biósfera del Río Plátano o en la pobreza, o en la falta de educación, o en ser república de remesas, sino lo que producimos como artistas, músicos, cineastas, escritores, o teatristas;

Que el taparrabos no constituye la identidad cultural;

Que formaremos una verdadera comunidad para rearmar el arte hondureño.

Firmado: Rolando Martínez Flores; Carla Valle Rodas; Luis Bayardo; Francisco Javier Vallejo; Jessica María la Rivera; Esaú Adonillas; David Soto; Julio César Contreras; Blas Aguilar; Darwin Mendoza; Amarilis del Mar Moreno; Esmeralda Reynoth; Magtiel Vidence; Diana Vallejo; Christian Cruz; Pablo Helguera (secretario)

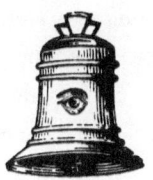

EL DISCURSO PANAMERICANO DE LA GENTE DE CARACAS

En Caracas, Venezuela, hoy, 24 de agosto de 2006, declaramos:

Que actualmente en Venezuela, a unos meses de las elecciones presidenciales, nos encontramos en un momento de gran fragilidad y de tensiones políticas y sociales;

Que el término Panamericanismo aquí no se puede separar del término bolivarianismo el cual se profesa actualmente desde el gobierno.

Que en Venezuela, siendo un país tradicionalmente tan comunicativo y expresivo, se ha llegado a un punto de intolerancia de opiniones ante temas puntuales. En Caracas, por ejemplo, antes se le abrían las puertas a cualquiera, y ahora existe recelo y agresividad.

Que parecemos confirmar una definición del viajero Humboldt, quien dijo que el venezolano vivía en un país costero, como un gran puerto que mira hacia fuera pero no hacia adentro, como si nos negáramos a nosotros mismos.

Que en Venezuela se está dando un debate racial que no existía anteriormente, donde se cuestiona la nacionalidad en términos de raza.

Que todos los venezolanos somos descendientes de inmigrantes.

Que consideramos que aparte de las visiones gubernamentales, hay efectivamente otras cosas que nos definen como venezolanos. La pintura de Miranda en la Carraca, la forma de caminar en la calle, la forma de mover el whisky con el dedo y ponerse el ticket del estacionamiento en la boca.

Que nos consideramos comunicativos e hipersensibles y la viveza forma parte de nuestra supervivencia diaria. Pero nuestro orgullo sigue siendo el haber nacido, crecido y seguir trabajando en este país.

Que debido a las tensiones políticas y sociales, ahora hemos abandonado la tolerancia para ponernos siempre a la defensiva.

Que estamos acostumbrados a tener una cantidad exagerada de dinero mal utilizado en una cultura del derroche, que la diferencia entre ricos y pobres ha generado lo que estamos viviendo ahora. Que Simón Bolívar era más interesante antes que hoy en día.

Que ahora nos encontramos ante un gobierno que nos vende un país para todos, cuando en realidad esta creando un país dividido y resentido.

Que somos de herencia católica, judía, y árabe. Nuestra complejidad racial incluye el ser europeos, indígenas, asiáticos, africanos y americanos. La música venezolana no se limita únicamente al pasaje llanero; si no que también incluye los tambores, el calypso, el polo margariteno, los violines andinos, la salsa, el merengue, el rock, el ska y muchos otros.

Que por supuesto tenemos una identidad; pero esa identidad es una red rota por la intolerancia y el desamor, la obsesión de clasificar y por la falta de consciencia hacia el otro.

Que nuestra incertidumbre hoy proviene de la sensación implementada por el gobierno actual que ninguna ley es estable, nada es inamovible, todo se puede cambiar, desde las leyes de la constitución hasta las estrellas de la bandera. Nuestro impacto por los cambios que están sucediendo aún es muy reciente, como si aún estuviéramos saliendo raspados de un choque.

Que como resultado consideramos que es importante creer en proyectos, llevarlos adelante, crear vínculos entre nosotros mismos y con otros espacios en el exterior; que nuestro mayor aporte es hacer y creer en aquello que hacemos.

Que esta condición de introspección actual nos ha obligado a generar una visión más introspectiva que eventualmente nos ayudará a gestar un cambio acerca de nuestra propia percepción.

Como venezolanos debemos crear redes de necesidades reales, no ficticias, no puentes de metal que desaparezcan cuando un terremoto se los lleve.

Que debe de haber un verdadero sentido de pensar en el otro, inculcado a nivel individual.

Que tenemos que buscar nuestra nueva belleza venezolana, nuestra nueva estética política y social , y una vez encontrada, aprender a implementarla a través de cada individuo que es en sí un agente multiplicador.

Firman: Luis Romero; Suwon Lee; Marylee Coll; Muu Blanco; Iván Candeo; Consuelo Méndez; Beto Gutiérrez; Ana Elis Alenso; Jaime Gilli; Carolina Siefken; Mate González; Ángel Márquez; Jordi Teres; Sandra Alcalde; Pablo Helguera (secretario)

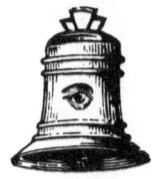

EL DISCURSO PANAMERICANO
DEL PUEBLO DE ASUNCIÓN

En Asunción, Paraguay, hoy, 1 de septiembre del 2006, declaramos que:

Paraguay es un país con una biculturalidad radicada en su legado occidental e indígena, particularmente el que se genera de la cultura Guaraní;

Que la diferencia entre nuestras culturas está muy marcada, pues se manifiesta a través de códigos comunes pero también de códigos específicos;

Que el indígena en Paraguay no se siente paraguayo, sino indígena, y que el paraguayo actual ya no es del todo guaraní, y que, como ejemplo, los aquí convocados, vinculados a la actividad artística, no somos necesariamente guaraní- parlantes;

Que a pesar de este distanciamiento, tanto el español como el guaraní se entrecruzan en nuestro diálogo cultural, el español haciendo las veces de lenguaje oficial, el guaraní como lenguaje sentimental que expresa una multiplicidad de significados intraducibles inclusive al español;

Que nuestra ambigüedad cultural se aúna a nuestro posicionamiento continental y a nuestra relación con América Latina, pues Paraguay pocas veces se recuerda como un integrante del continente;

Que quizá como resultado de esta condición, así como de procesos históricos culturales conectados a nuestro mestizaje, hemos asumido que no podemos creer en nosotros mismos y hemos desarrollado una baja autoestima de nuestra cultura nacional. Que Paraguay es un país que ha vivido un largo periodo de represión de la expresión de las emociones más profundas;

Que en Asunción se observa un sostenido proceso de ruralización que afecta al dessarrollo de la cultura urbana contemporánea, donde el cambio se mira con sospecha, desde cambiar el diseño de una cazuela hasta cambiar convicciones más profundas, donde lo mejor siempre viene de otra parte donde se adoptan sistemáticamente modelos externos;

Que a pesar de que vivimos en un país con enorme riqueza natural, culinaria, e indígena, con tradiciones únicas , pero que estas virtudes se valoran poco y en cambio vemos la deforestación lingüística de la cultura guaraní como un proyecto histórico del Estado;

Que sin embargo, el inmigrante paraguayo al experimentar el *techagau* (añoranza), recrea su mundo al salir de su país recobrando tradiciones y rituales culturales de un sentimiento *mbarete* (profundo);

Que vemos difícil el levantamiento del medio artístico dadas las condiciones económicas y la ausencia de un mercado del arte en Paraguay, y el vivir una década de crisis económica que aún perdura;

Que el arte debería de salir del molde, que deba generar un ritual social para recobrar su vigencia entre nosotros. Que como lo han hecho el cine y el fútbol, debemos vincularnos con él de manera emocional, porque el desvincular lo que uno siente con lo que uno realiza, provoca que el arte salga muerto;

Que debemos registrar, escribir y documentar, y prevenir que otros escriban nuestra historia;

Que a pesar de nuestro enajenamiento global y contemporáneo, nos es necesario aprender a integrar nuestra propia ceremonia cultural para reconciliarnos con nosotros mismos;

Nos proponemos como trabajadores del arte, mantenernos atentos al desarrollo socio-histórico de nuestro país para construir una estrategia colectiva que conduzca a un fortalecimiento de nuestra cultura y se proyecte positivamente en la vida real.

Firmado: Natalia Antola, José Arazategui, Gustavo Benítez, Oswaldo Campeccioli, Christian Ceuppens, Silvana Daher, Gisela Espósito, Alejandra García, Adriana González Brun, Mónica González, Laura Mostatá, Soledad Patino, Carlos Sosa, Pablo Helguera (secretario).

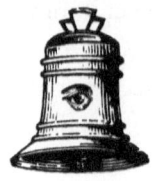

EL DISCURSO PANAMERICANO
DE LA GENTE DE BUENOS AIRES

En el barrio de Congreso, en la Pizzería La Americana de la ciudad de Buenos Aires, los aquí reunidos declaramos:

En primera instancia:
No hay mentira ni verdad; Quedan extinguidas todas las fronteras; se ordena depilación definitiva para todos; Se afirma la importancia de la ambigüedad; se otorga el libre acceso a todos los espacios públicos y la apertura de los espacios púbicos; Somos simulacro; Nosotros somos la institución; Los cementerios son estatales;

En segunda instancia:
Estamos absolutamente separados (por ser segunda instancia) en este espacio liso vivido. La situación hace al enunciado ni público ni privado; Se puede recorrer a pie. La verdadera intimidad está en otra parte.

En tercera instancia:
En Argentina tuvimos una Escuela Panamericana de Arte, que tenía por logo a la Gioconda. Ése no es el tipo de escuela que queremos. No hay escuela ni universidad de arte en Buenos Aires. Nuestra ciudad capital termina en la autopista llamada "La Panamericana". La Panamericana se hace de noche. La Panamericana es trampa.

Firman: Diana Aisenberg, Ana Gallardo, Graciela Hasper, Alicia Herrero, Roberto Jacoby, Victoria Noorthoorn; Sydzaga Babur, Andreu Badii, Victoria Márquez, Adetty Pérez Miles, Megha Rapalati, Pablo Helguera (secretario).

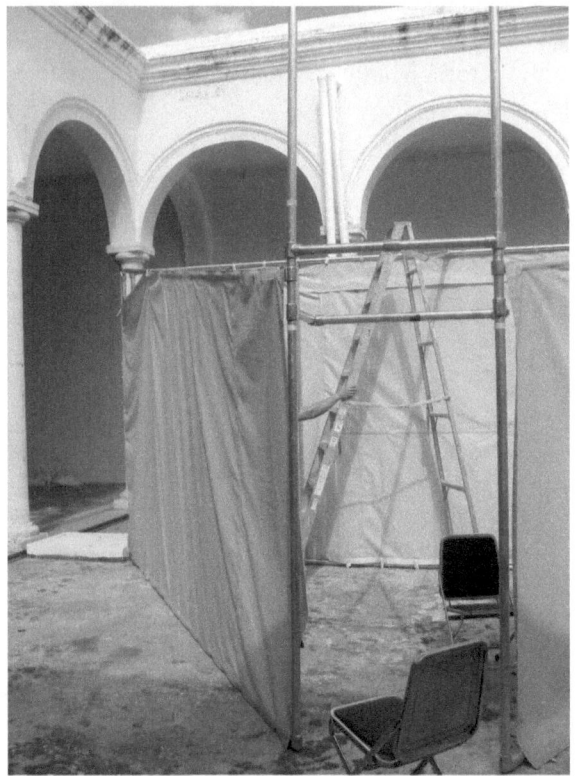

Setting up the School of Panamerican Unrest in Mérida, Yucatán/
Montando la Escuela Panamericana del Desasosiego en Mérida, Yucatán

APENDIX/APÉNDICE

Panamerican Anthem/Himno panamericano

Panamerica
Movement 1

Pablo Helguera
Orchestrated by Rachel Rossos

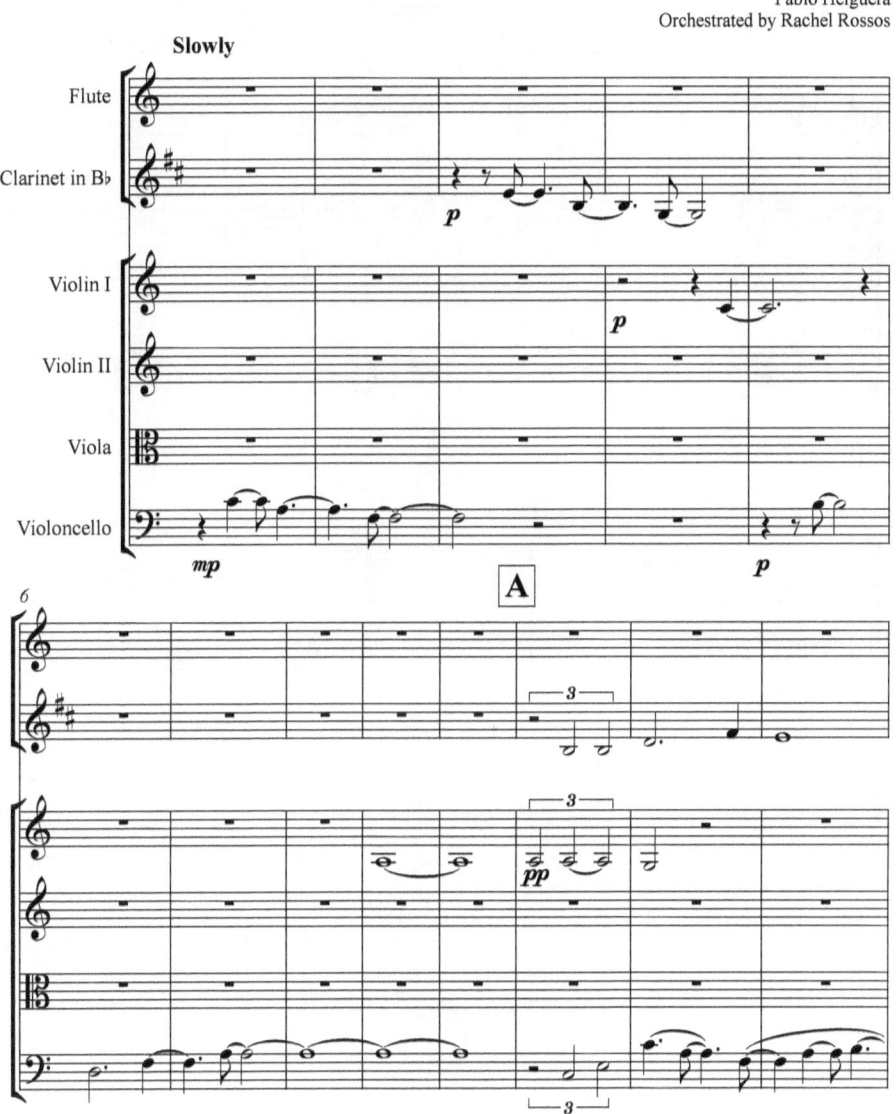

© 2006

240 — *The School of Panamerican Unrest*

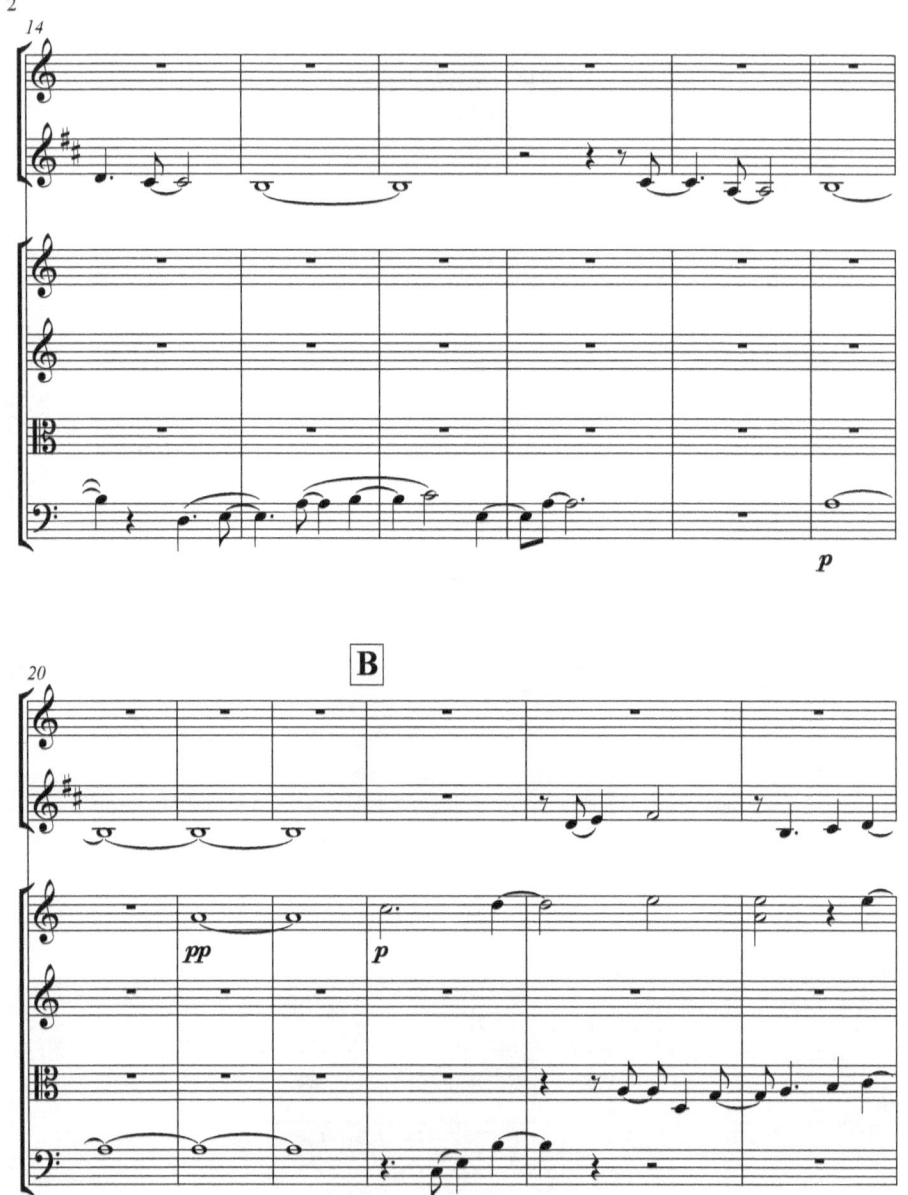

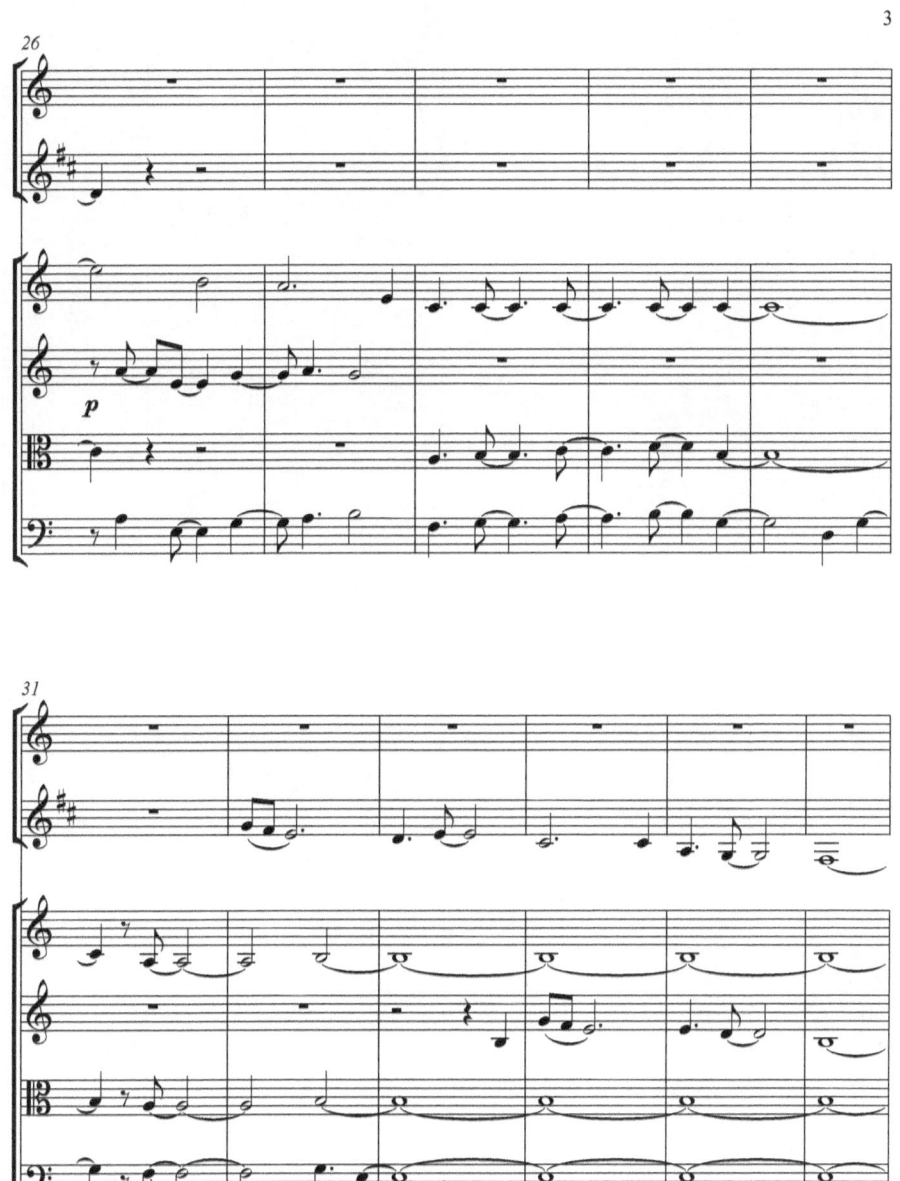

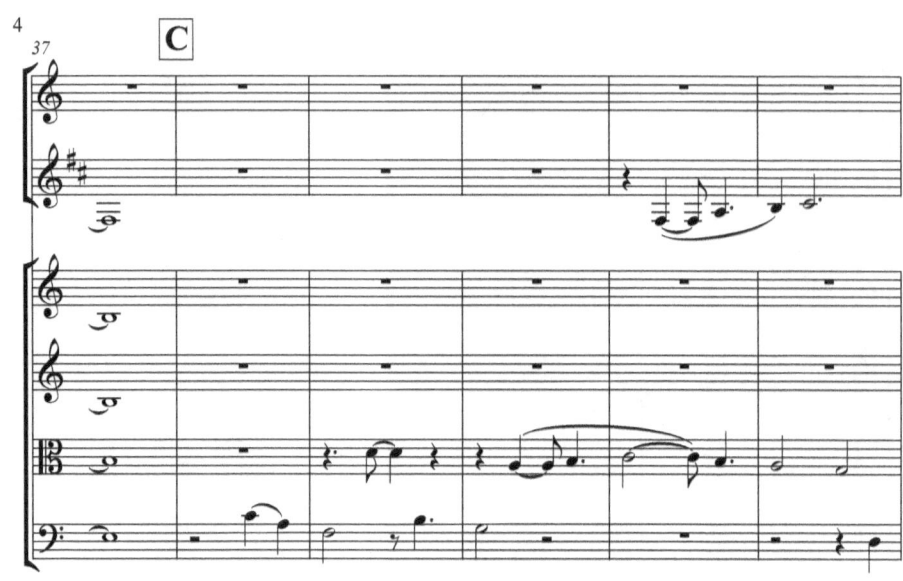
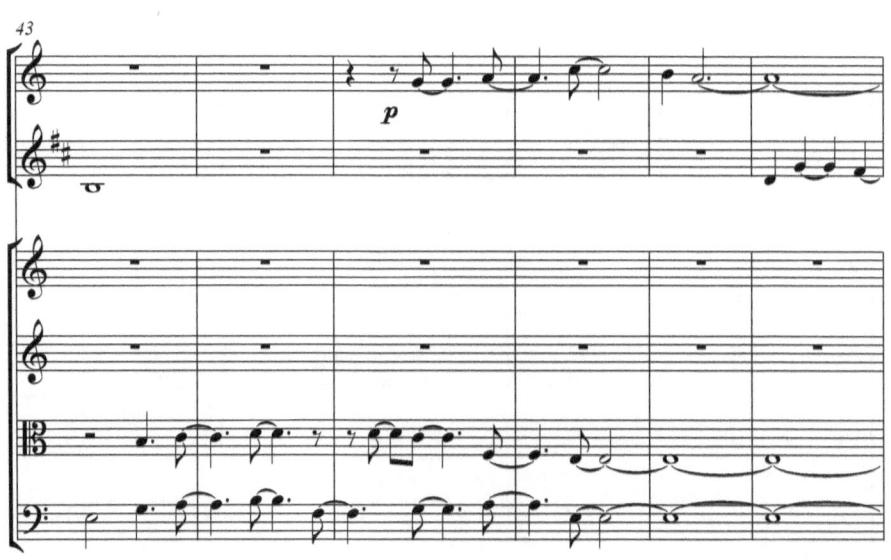

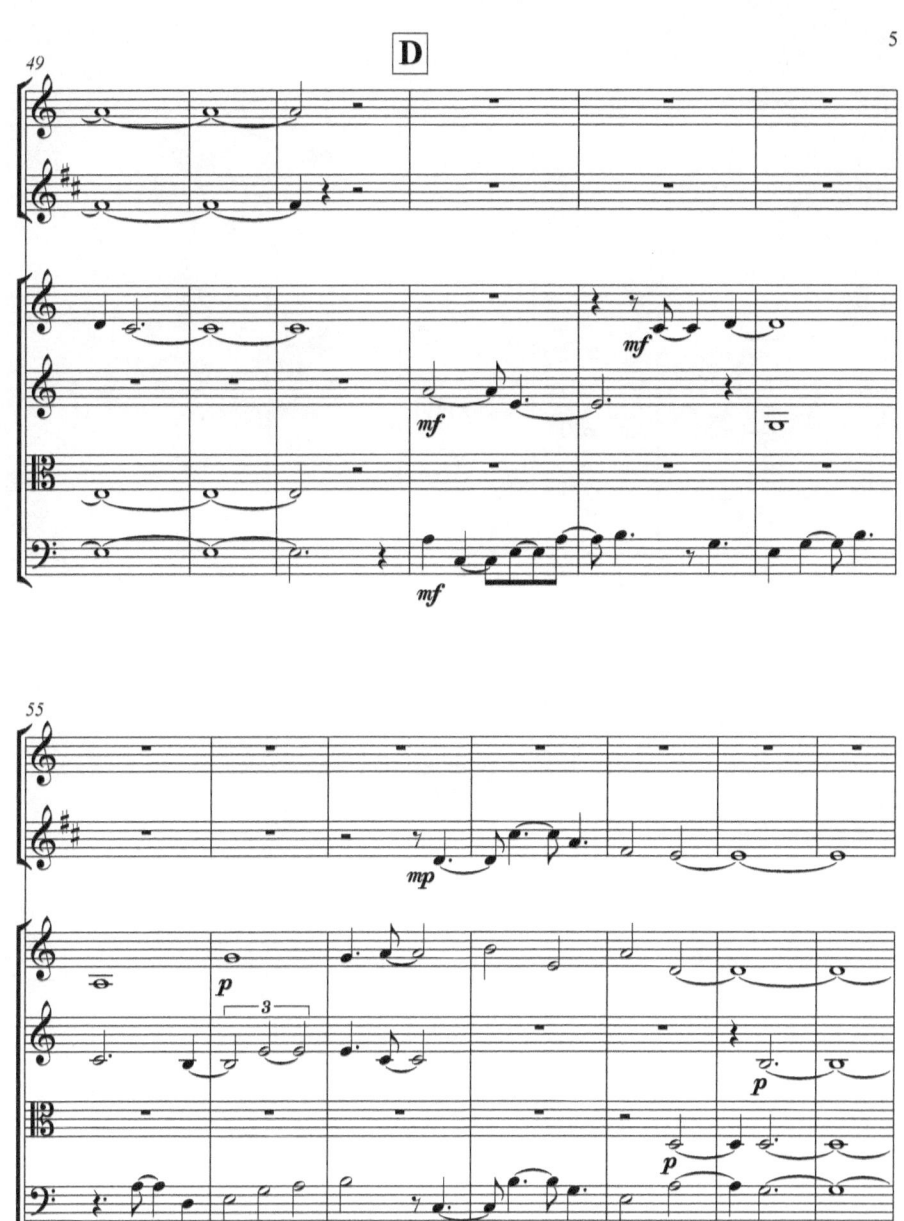

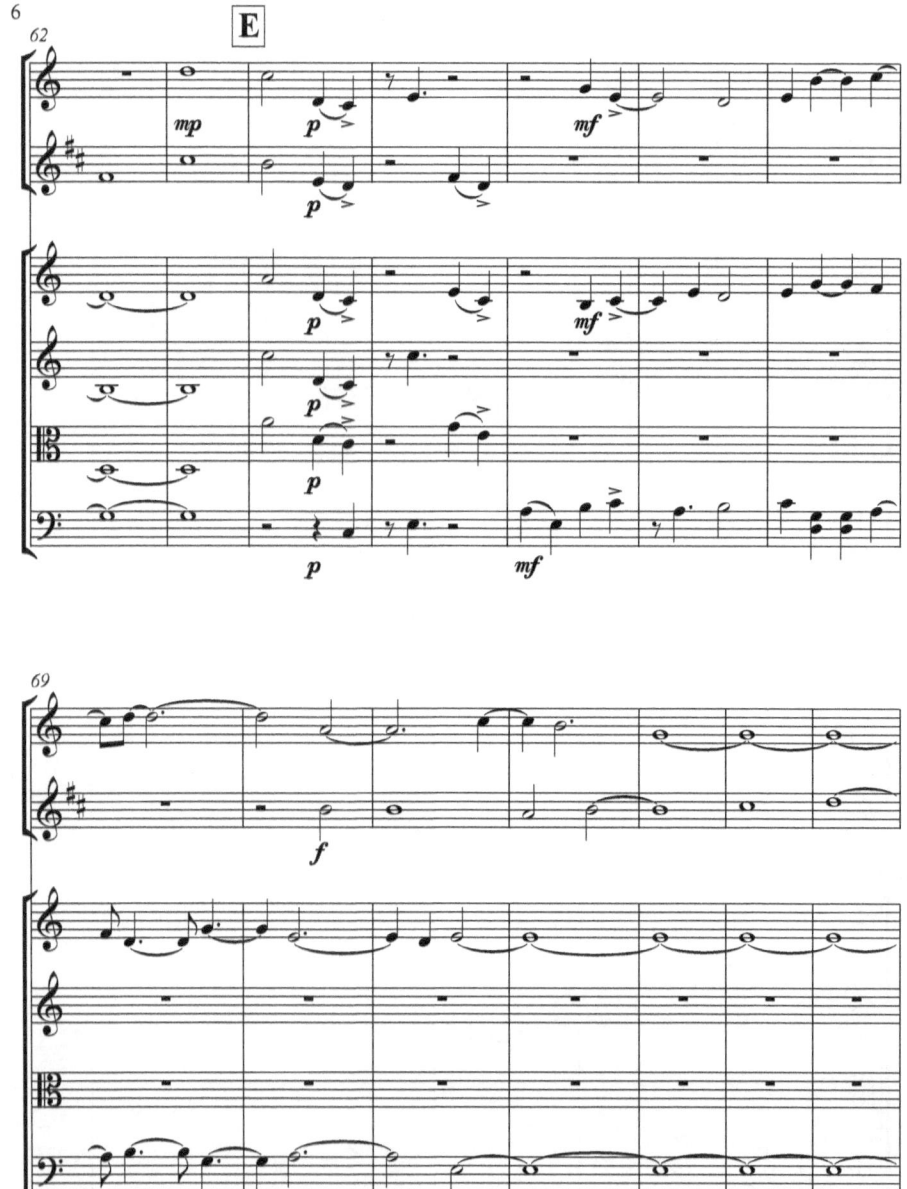

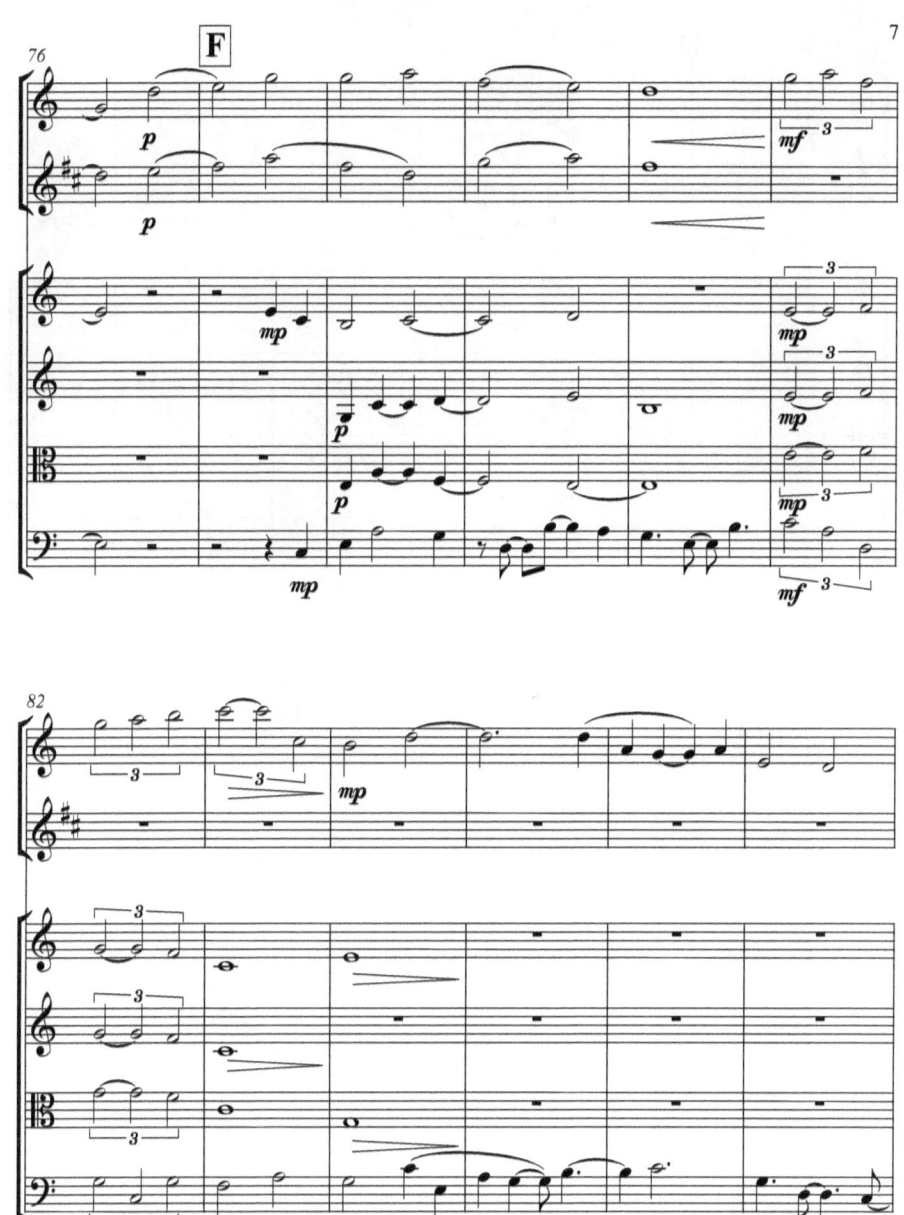

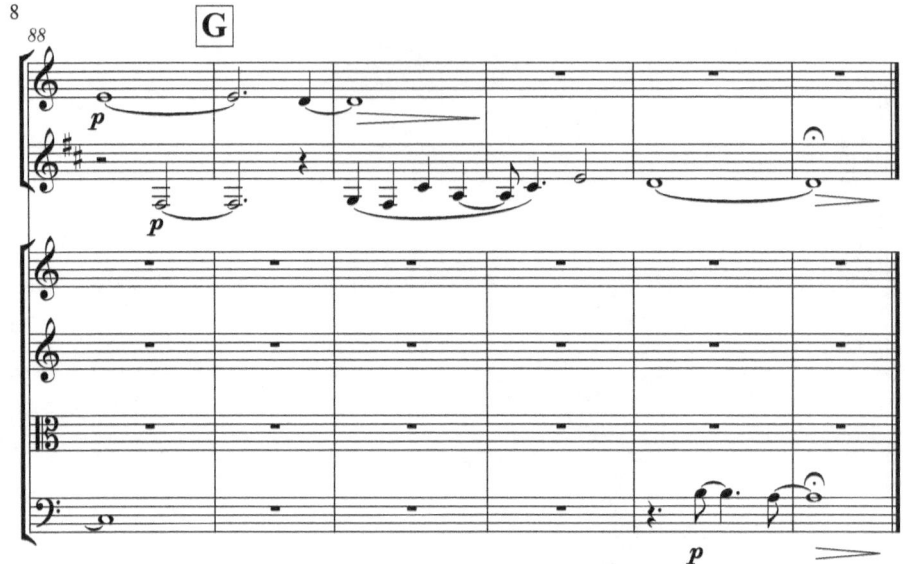

Panamerica
Movement 2

Pablo Helguera
Orchestrated by Rachel Rossos

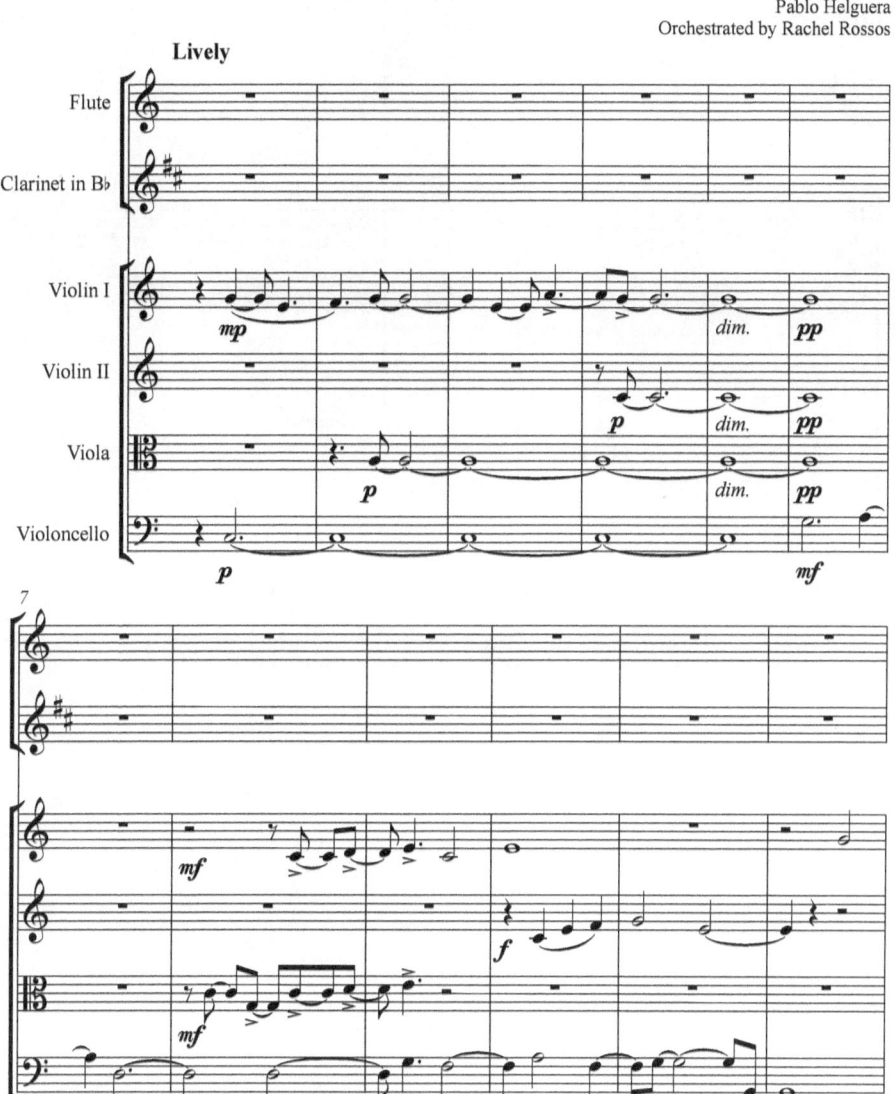

© 2006

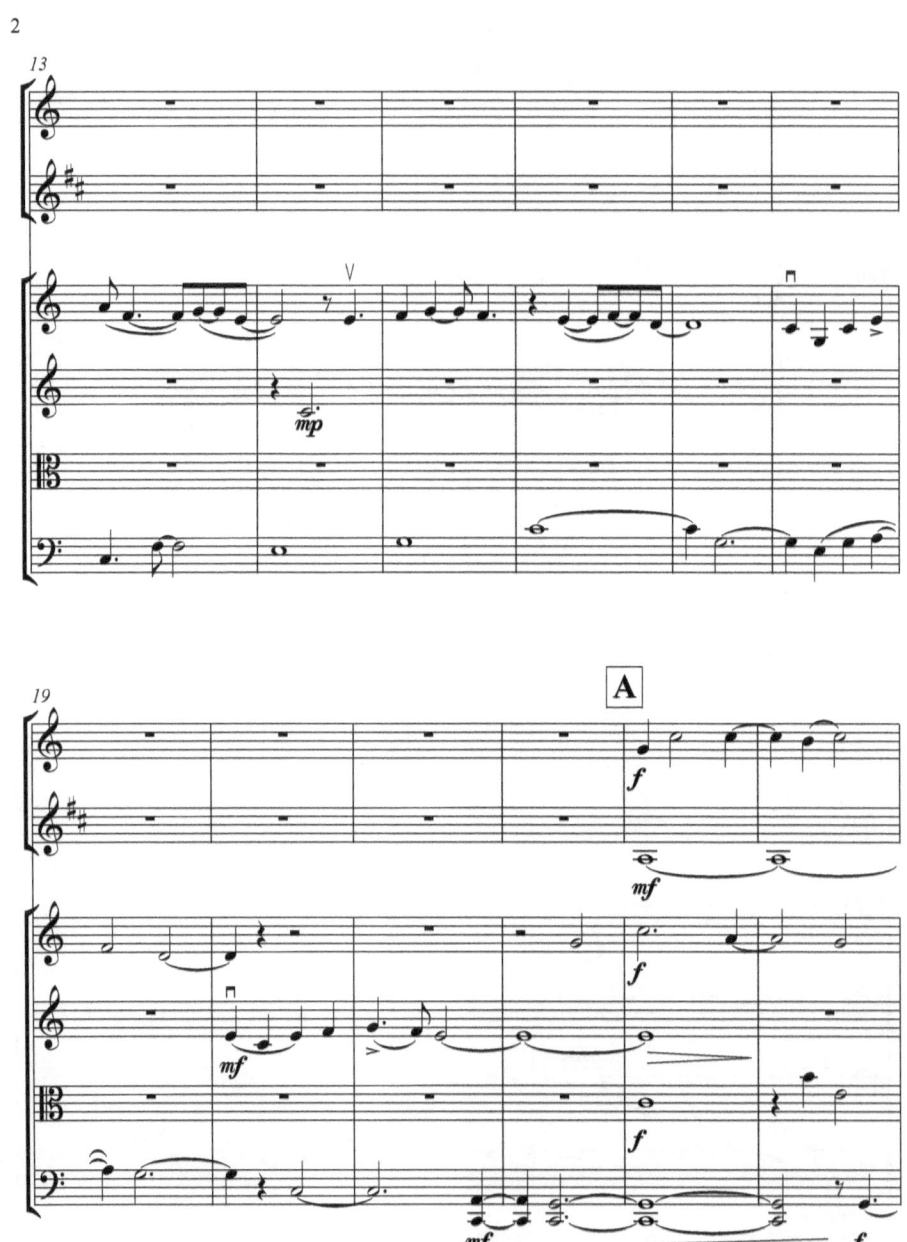

La Escuela Panamericana del Desasosiego — 249

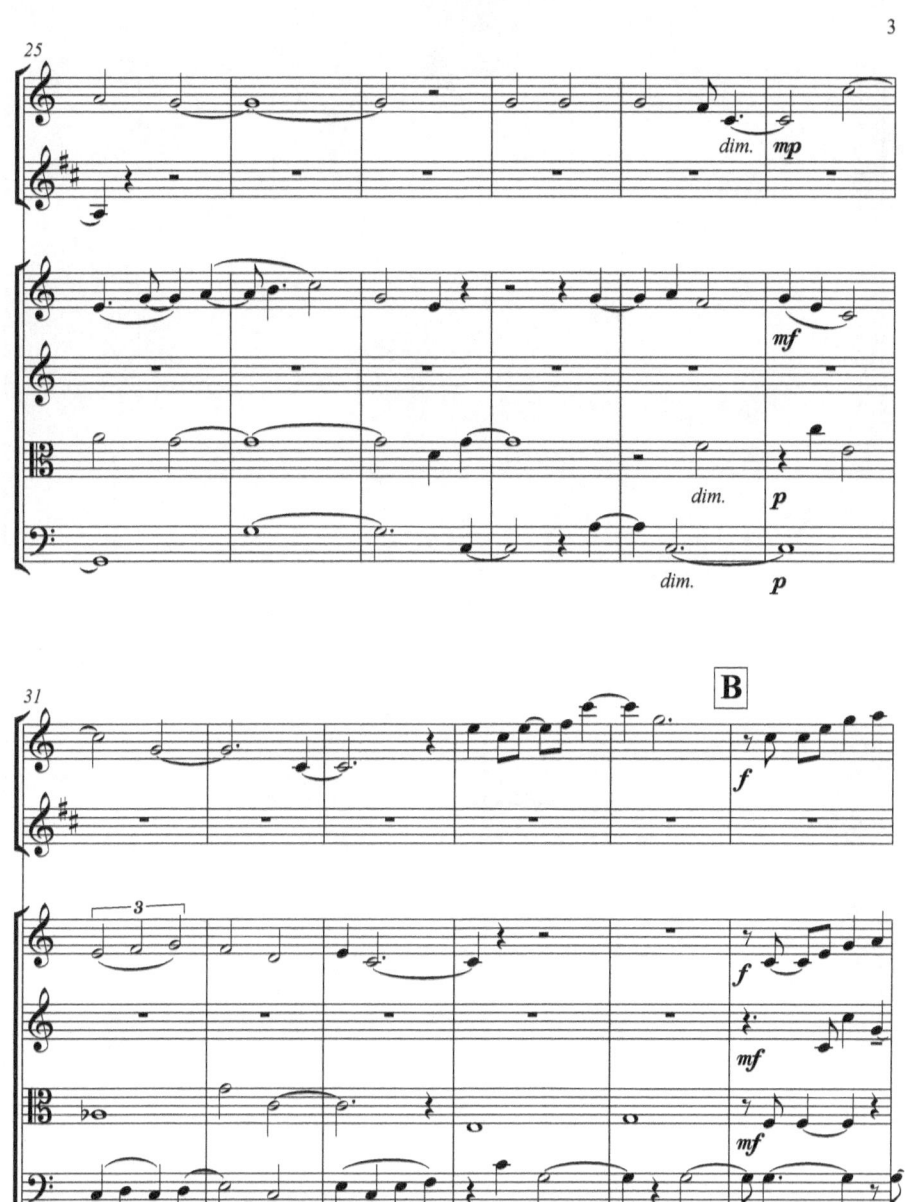

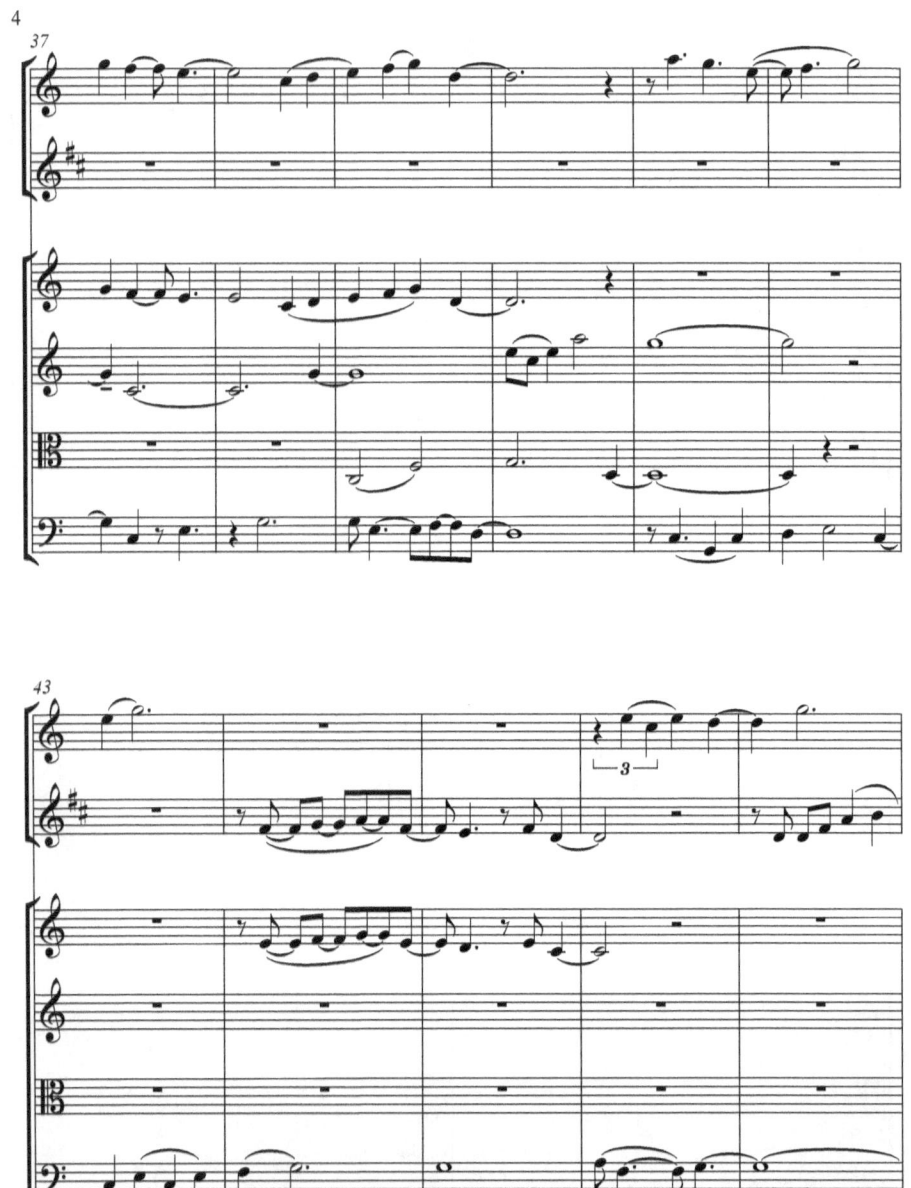

La Escuela Panamericana del Desasosiego — 251

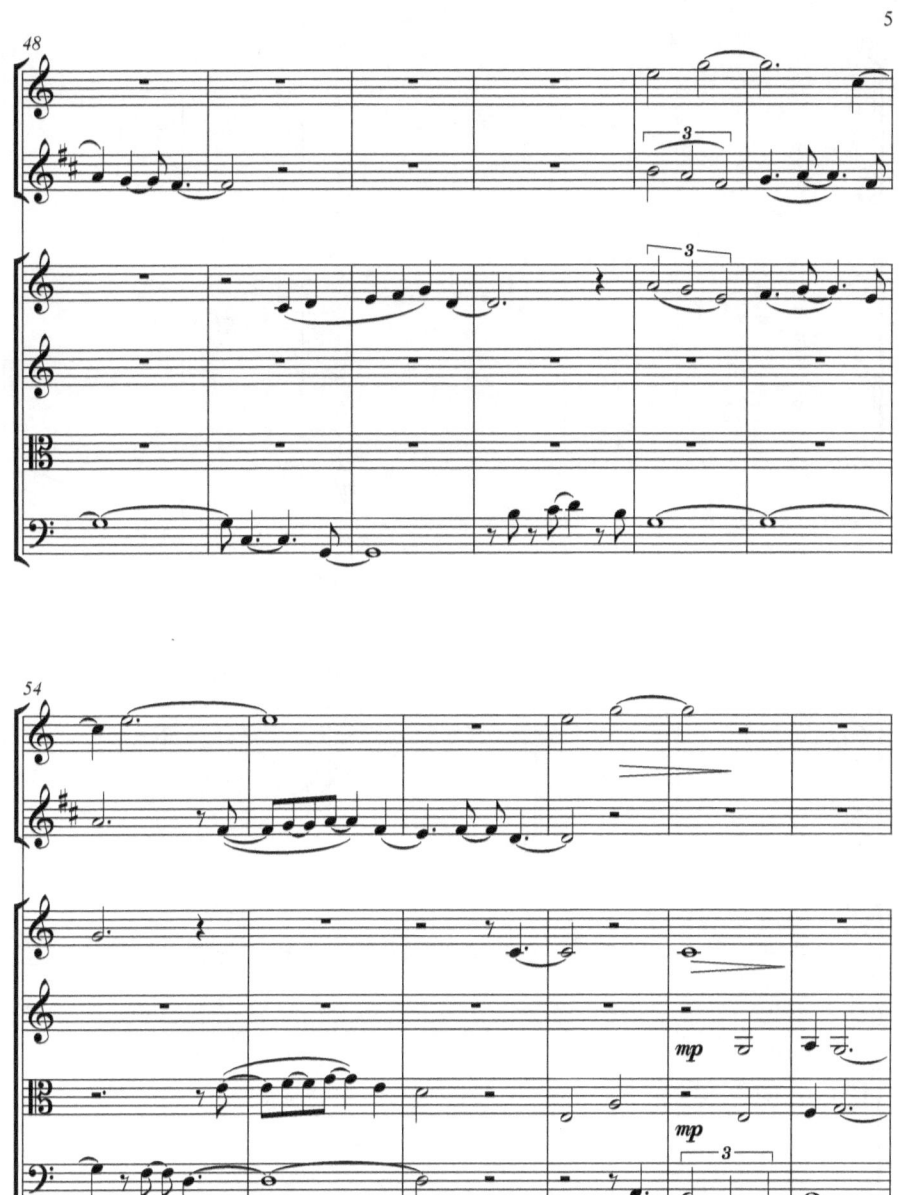

252 — *The School of Panamerican Unrest*

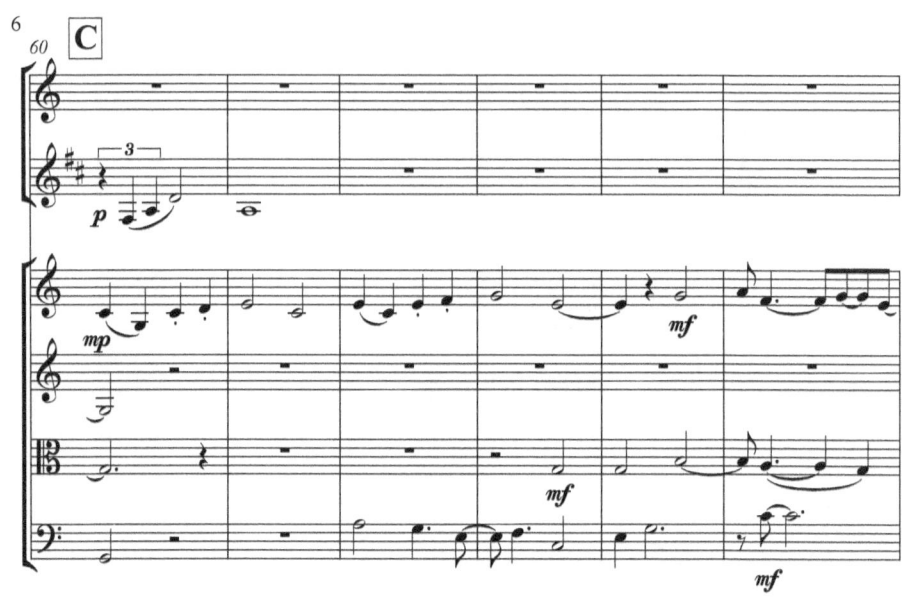

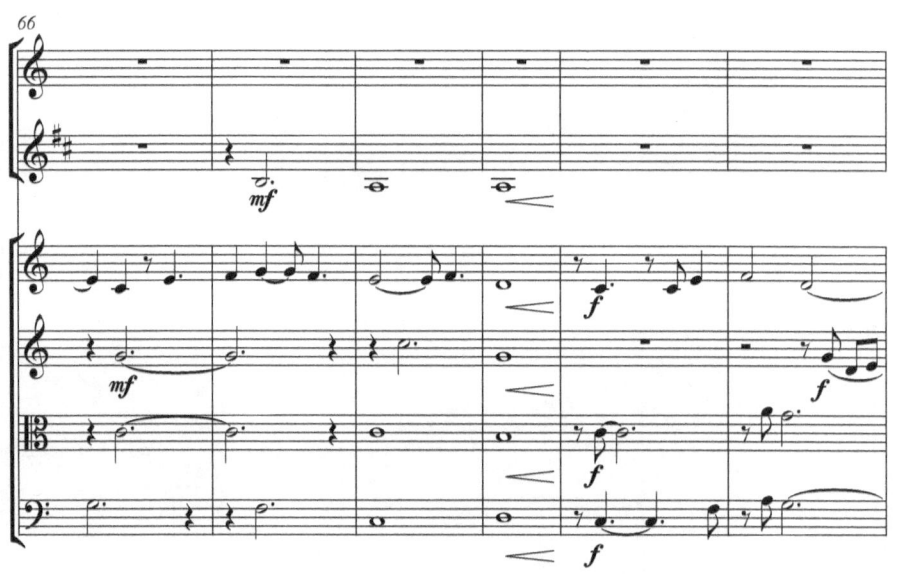

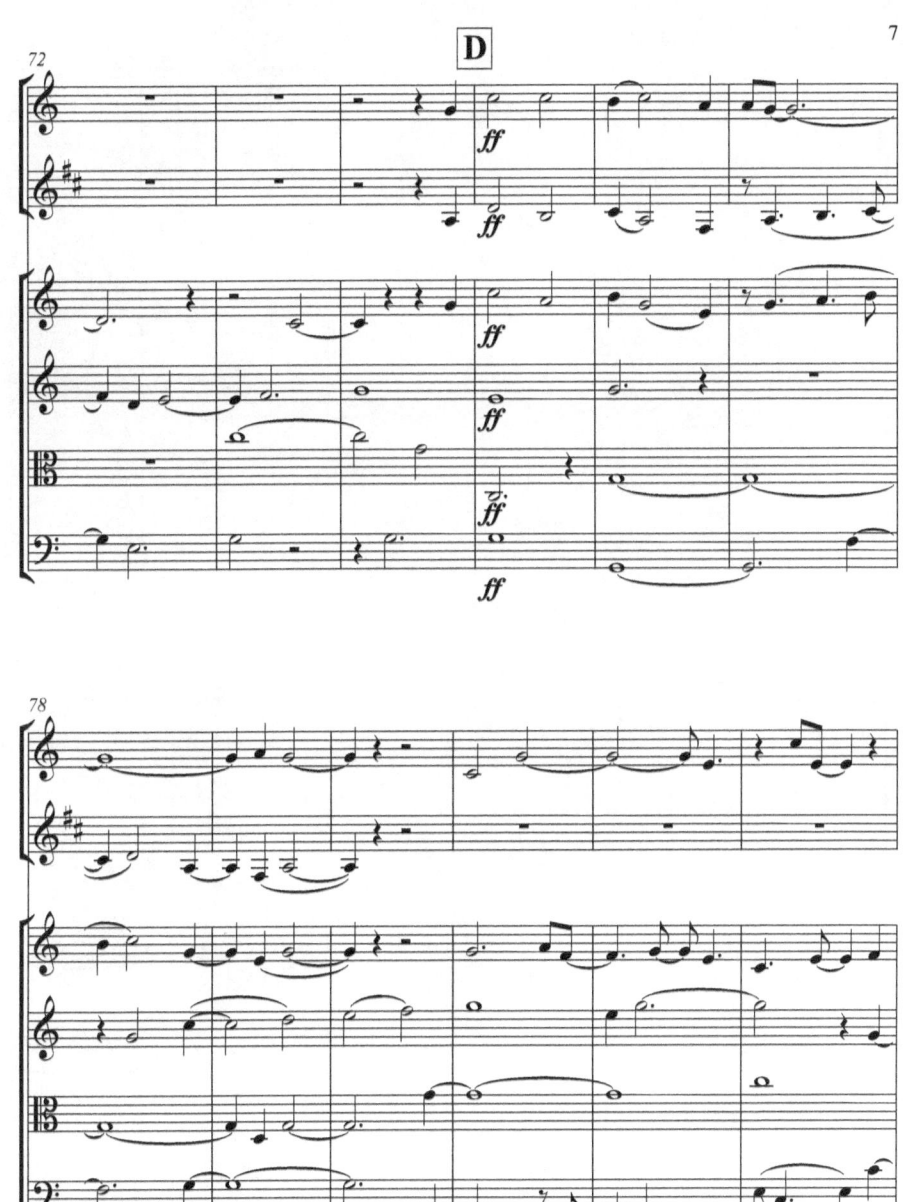

254 — *The School of Panamerican Unrest*

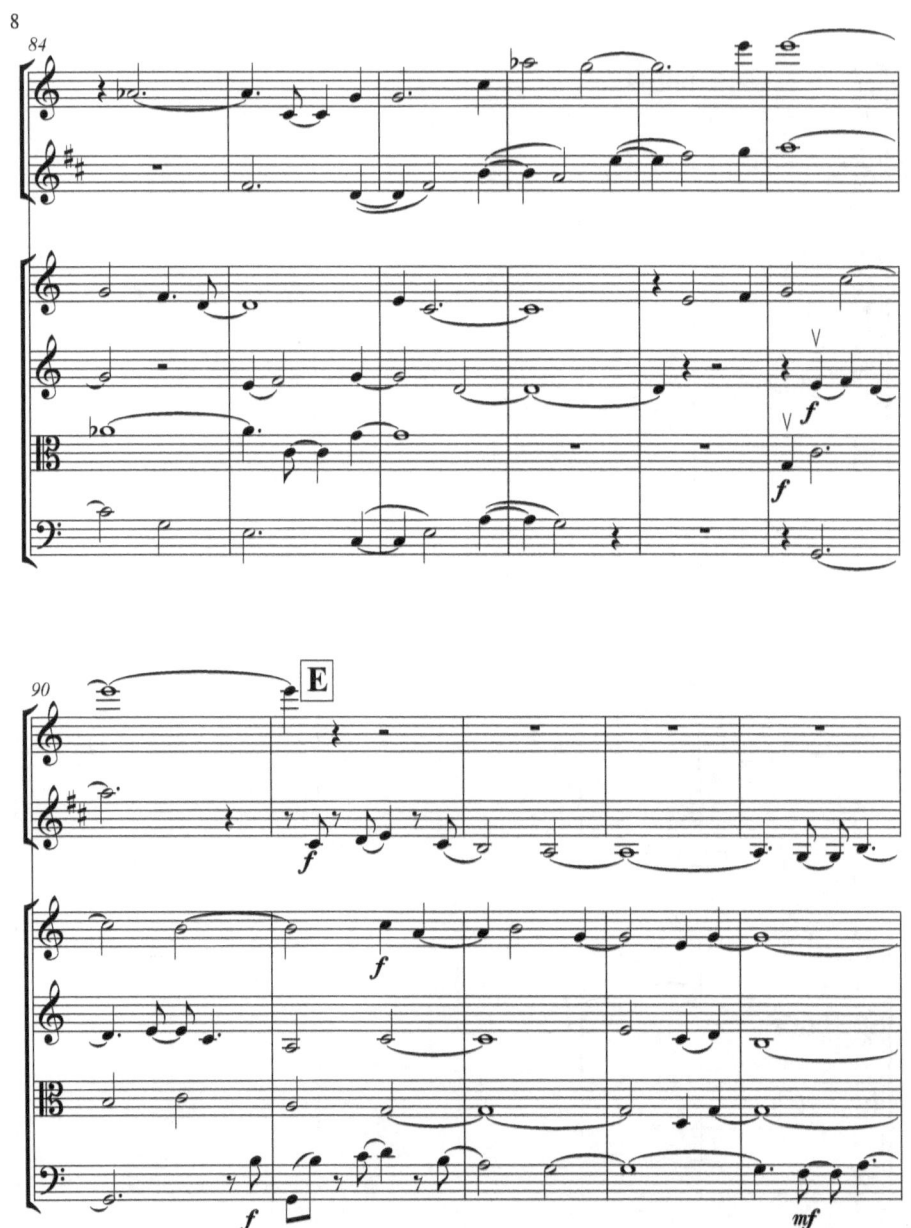

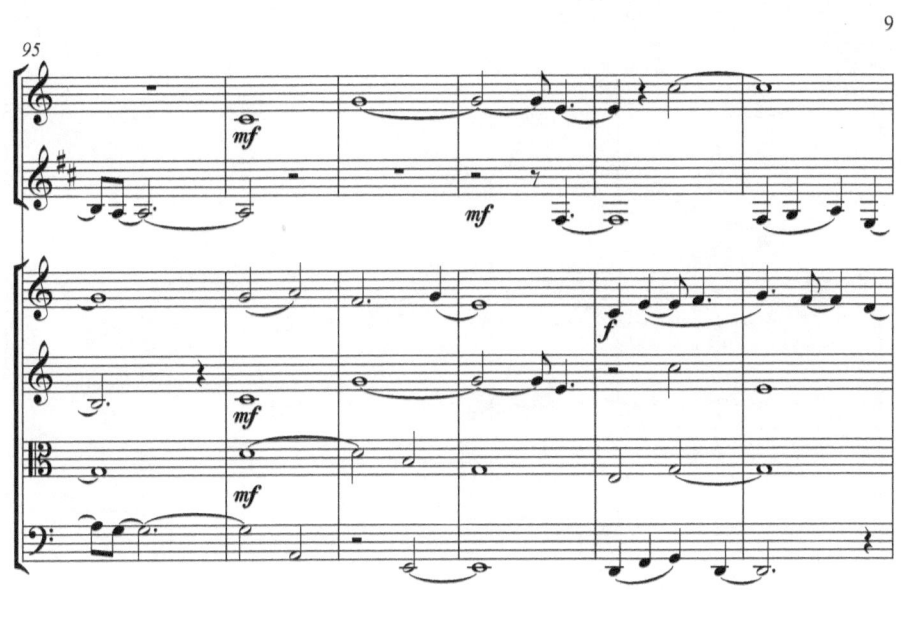
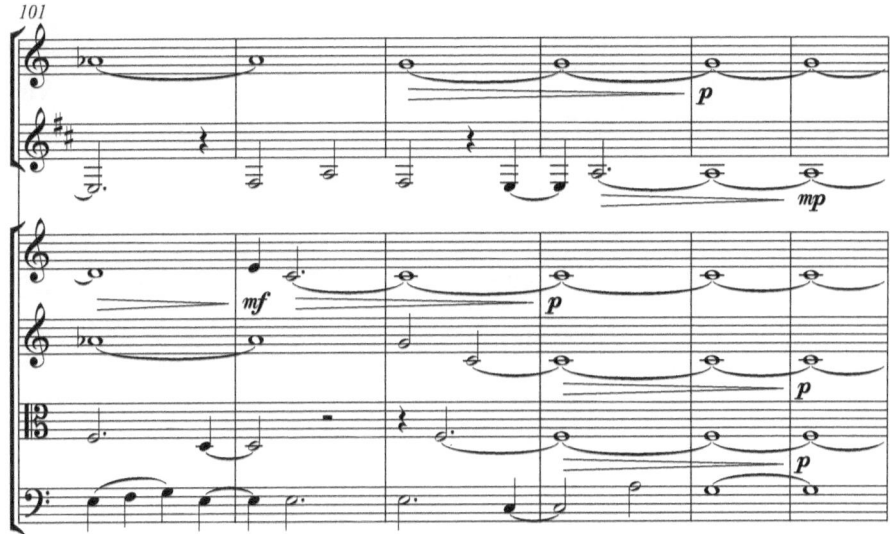

256 — *The School of Panamerican Unrest*

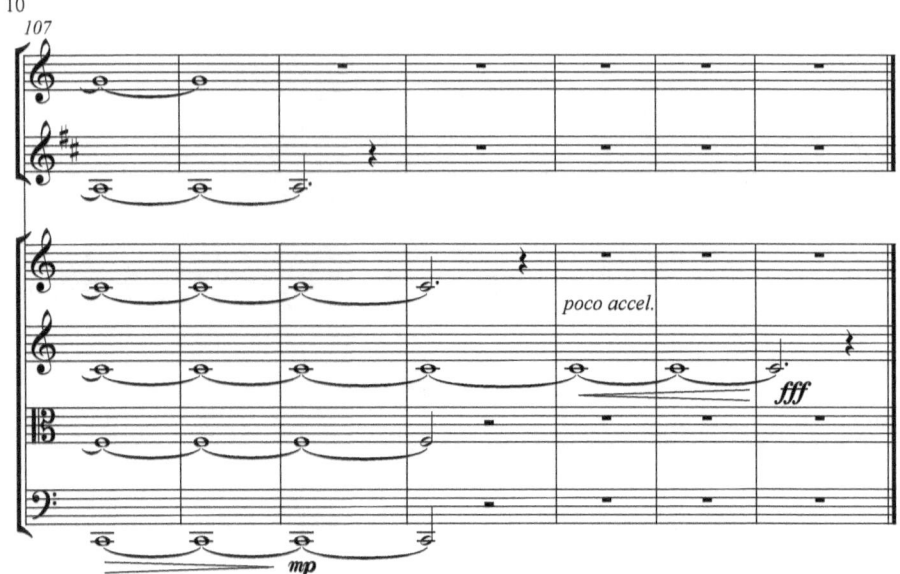

KEYWORDS

Activism—52
Alternate Circuits—33, 79
Art & Education—32, 58
Art & Politics—19, 52
Arts Funding—14
Bolívar, Simón—49, 51, 55, 77
Car Culture—77
Catholicism—41
Central America—36, 41
Chávez, Hugo—52
Collaboration—31
Colonization—51
Community—14, 17
Conservatism—20
Conversation—21
Dérive—37
Disciplinary Limits—33
Documentation—32
Elections—25 (Mexico)
Exchange—74
Failure—22
Fatigue—24, 39
Food—27 (mole + tradition), 38 (pupusa), 55 (chipa)
Folklore—79
Geography—47, 76
Highway—73, 76
History—77
Hymn—28, 29, 39, 54
Idealism—49
Identity—14, 27, 45
Interruption—45
Landscape—49
Language—13, 45, 54

Local—74
Magical Realism—49, 76
Migration—36
Network—25, 33, 74
Official—29
Pan-Americanism—77
Paperwork—47
Performance—45
Public Forum—17
Mestizaje—27
Neoliberalism—57
Rakowitz, Michael—22
Road Conditions—25, 47
Self-organization—58
Students—30, 39
Theft—49
Unrest—36, 49
Utopia—36, 54
Van—14 (repairs), 38, 49 (accident)
Wellbeing—45
World Fair—78

257

ÍNDICE ONOMÁSTICO

Actvismo—175
Arte & Educación—154, 181
Arte & Política—140, 175
Auto-organización—181
Bienestar—168
Bolívar, Simón—172, 174, 178, 202
Cansancio—146, 163
Carretera—198, 201
Catolicismo—165
Camioneta—134 (reparaciones), 162, 172 (accidente)
Centroamérica—159, 165
Chávez, Hugo—174
Circuitos alternativos—155, 205
Colaboración—156
Colonización—174
Comida—149 (mole, tradición), 162 (pupusas), 177 (chipa)
Comunidad—134, 137
Condiciones de carretera—147, 170
Conservadurismo—139
Conversación—142
Cultura automovilistica—199
Dérive—160
Desasosiego—159, 172
Documentación—155
Elecciones—147 (México)
Estudiantes—153, 163
Feria Mundial—203
Financiación de Arte—134

Folklor—204
Foro público—137
Fracaso—142
Geografía—170, 201
Himno—150, 152, 163, 178
Historia—202
Idealismo—172
Identidad—134, 149, 168
Intercambio—199
Interrupción—168
Límites de disciplinas—155
Mestizaje—149
Migración—159
Neoliberalismo—181
Oficial—152
Paisaje—172
Panamericanismo—202
Papeleo—170
Performance—168
Lenguaje—133, 168, 174
Local—198
Rakowitz, Michael—143
Realismo Mágico—173, 201
Redes—147, 155, 198
Robo—172
Utopía—159, 177

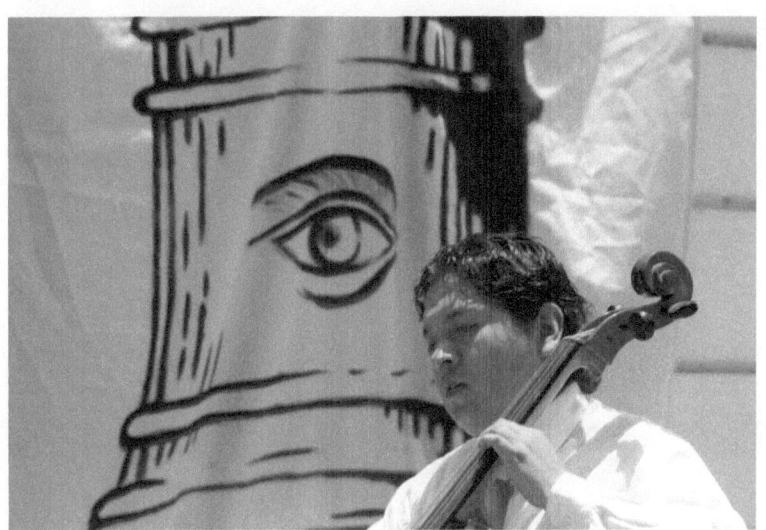

Panamerican Anthem, Casa del Lago, Mexico City/
Himno Panamericano, Casa del Lago, Ciudad de Mexico

www.ingramcontent.com/pod-product-compliance
Lightning Source LLC
Chambersburg PA
CBHW031612210526
45464CB00004B/1534